Chupa Mr. President!

Como um Imigrante Brasileiro Foi de Motorista de Caminhão a Milionário em 4 Anos

Marcos Jacober

PUBLICADO POR:

LIFE HACKS

THE WOODLANDS, TX

UNITED STATES

Índice

DEDICATÓRIA

Este livro é dedicado a TODOS OS QUE ODEIAM, TODOS QUE DUVIDAM, TODOS QUE NÃO ACREDITAM, E PRINCIPALMENTE PARA VOCÊ, QUE IRÁ PROVAR QUE ELES ESTÃO ERRADOS.

RECONHECIMENTOS

Terminar este livro, além da minha história de sucesso, não poderia ser possível sem a participação e assistência de tantas pessoas cujos nomes não serão citados, senão esta seção de reconhecimento teria mais páginas que o livro em si.

No entanto, o grupo gostaria de expressar sua grande gratidão, principalmente aos seguintes:

Eu gostaria de começar agradecendo à minha mãe pela ética de trabalho que ela me ensinou desde criança. Apesar de que na época eu não conseguia entender o benefício pessoal futuro de fazer minha cama, preparar minha própria comida e até mesmo lavar minhas roupas (eu pensava que minha mãe não me amava o suficiente), eu acabei aprendendo algumas lições de vida importantes. Enfrente cada trabalho como se você fosse o dono da empresa, e a oportunidade aparece a partir do trabalho duro. Estas lições de vida me levaram pela minha carreira e servem como lembretes de que você pode conquistar qualquer coisa se tiver determinação.

Eu também gostaria de agradecer à minha esposa há 10 anos, Ludy. Ela me deu dois filhos maravilhosos, Nicholas e Valentina. Eles sempre são meu maior "por quê".

Marcos Jacober

Eu quero agradecer a Sandra Reynaldo por toda a sua contribuição em minha vida. Eu ainda lembro dela me explicando como os e-mails funcionavam, na época que eu estava no Brasil, e também por sua contribuição para criar a American *Tax Lien* Association. Eu não poderia ter feito isto sem ela. (Ela merece todo o crédito e nenhuma culpa!)

Obrigado a Sam Foreman (meu Gerente da FedEx) por me perseguir até o ponto em que eu encerrei meu contrato e por me fazer perder um negócio que eu cultivei por 14 anos. Por causa disto, eu pude focar 110% em meu negócio de *Tax Liens/Tax Deed*, que me tornou um milionário e um homem livre. Graças a ele, eu tenho mais tempo para minha família, posso fazer o que amo e posso viajar pelo mundo inspirando e ensinando as pessoas a como fazer o mesmo. Sem seu esforço incansável em me falir, eu não poderia ter tido o tempo ou a oportunidade para escrever este livro.

E por último, mas não menos importante, para minha querida amiga Suenon Guimarães, que me introduziu ao mundo de *Tax Liens* e *Tax Deeds* ao me dar um livro.

PS: Cara Witvoet, arquiteta do meu livro, eu a culpo. Escrever este livro foi um exercício de sofrimento constante. Você, leitor, talvez possa se isentar da maior parte da culpa, mas para você que teve um papel maior no prolongamento da minha agonia com seu encorajamento e apoio, obrigado.

Capítulo 1

A História de Sucesso de Marcos Jacober

Eu não nasci nos EUA, mas vim para cá o mais rápido possível.

Desde que eu era uma criança, crescendo em uma área pobre de São Paulo, Brasil, eu sempre senti uma conexão especial com os Estados Unidos.

Eu tinha apenas 9 anos de idade e ainda consigo lembrar dos Jogos Olímpicos de 1984 em Los Angeles. Cada celebração de medalha de ouro era uma oportunidade para eu me sentir emocionado sempre que escutava o Hino Nacional dos EUA.

Eu não conseguia explicar por que eu era tão atraído pelos EUA, e nunca imaginei que um dia me mudaria para cá e me tornaria um cidadão americano. Mas eu percebia que algo especial estava acontecendo entre este país e eu.

Com 15 anos de idade, comecei a trabalhar na McDonald's. O meu sonho na época era ir à Hamburger University. Sempre que eu assistia a um vídeo de treinamento sobre como preparar, servir e trabalhar na McDonald's, eu fechava meus olhos e imaginava como seria morar nos EUA.

Eu acho que é engraçado e triste como americanos não valorizam este país. Resumindo a história, avançando 13 anos, eu tive a oportunidade de vir aos EUA.

Minha tia Dora se mudou para os EUA quando eu tinha 12 anos. Eu não era próximo a ela, e na época morávamos em um mundo antes da internet e dos celulares. A comunicação era lenta e difícil, já que éramos uma família muito pobre que não podia se dar ao luxo de ter um telefone. Então nos comunicávamos por correio.

Um dia, após muitos anos, tia Dora decidiu visitar o Brasil e fez a proposta à minha mãe. Ela perguntou se minha mãe gostaria de vir morar nos EUA. Eu não sabia disso na época, mas esta era a oportunidade que eu estive esperando por toda a minha vida, e cerca de dois anos depois, eu cheguei aos Estados Unidos.

Esta foi minha oportunidade, minha chance de ter o "Sonho Americano".

Eu cheguei à Nova York no dia 28 de junho de 1998 com apenas 100 dólares. Minha mãe foi quem comprou as passagens de avião, com minha promessa de que eu a pagaria de volta com juros. Eu sei que isto é estranho vindo de uma mãe, mas não se você conhecesse a minha mãe. Ela era muito rígida e sempre se certificava de que eu não estava subestimando nada, e ela sempre tentava me fazer entender que tudo na vida tem um preço. Eu sou o que sou por causa das lições que minha mãe me ensinou, e serei eternamente grato por ela.

Minha mãe tinha um amigo que trabalhava com construção, então ela conseguiu um trabalho para mim com ele. Eu não sabia nenhuma palavra em inglês e meu trabalho era carregar pedaços de madeira e materiais de construção e levá-los para os caras que sabiam fazer o trabalho. Eu me lembro de receber meu primeiro cheque de 150 dólares.

Eu tinha um número em mente e um objetivo de ganhar 800 dólares por semana. Eu costumava dizer a mim mesmo: "Cara, no dia que eu ganhar USD800, eu não vou saber o que fazer com este dinheiro".

Como eu tinha este objetivo, eu me convenci de que não descansaria até alcançá-lo.

Após me lembrar, todas as manhãs em frente ao espelho, do meu objetivo de ganhar 800 dólares, eu estava sempre procurando por um emprego que me pagasse melhor.

Com uma integridade igual à do Scar Face, e apesar de estar trabalhando, eu estava constantemente procurando por uma nova oportunidade e um emprego que pagasse mais.

Após trabalhar com construção por duas semanas e quase morrer pelo calor, exaustão e insolação, eu consegui um emprego em um supermercado português. Para mim, este era mais um degrau na minha escalada em direção ao meu objetivo de ganhar 800 dólares por semana.

No meu novo emprego, eu tinha que trabalhar 11 horas por dia, 6 dias por semana, inclusive finais de semana, por 250 dólares semanais. Não era o melhor salário, principalmente se você o dividisse pela quantidade de horas que eu trabalhava semanalmente, mas para mim era uma posição melhor, porque eu estava trabalhando no interior da loja e estava ganhando mais que 100 dólares por semana, além de que eu tinha comida de graça.

Sim, mais um degrau, mas ainda faltam muitos mais!

Desde cedo, eu sempre fui um empreendedor, e pensava 24 horas por dia em como ganhar mais dinheiro.

Eu pensei em vender água e refrigerante no semáforo, pensei em vender produtos de porta em porta; eu tinha muitas ideias, mas todas as minhas ideias tinham a ver com minha infância no Brasil, e não eram exatamente consideradas legais nos EUA.

Eu comecei a procurar por um emprego como motorista, mas eu não tinha uma carteira de motorista válida. O único Estado que estava emitindo carteiras de motorista para imigrantes era a Flórida. Então eu economizei e fui para a Flórida para conseguir uma. Após conseguir minha carteira de motorista, eu comecei a me candidatar para empregos de motorista. Meu desafio então foi o fato de que eu não tinha um carro e a maioria dos trabalhos de motorista tinham horários loucos, e eu teria que começar a trabalhar às 2 horas da manhã. Na última vez que pesquisei, ônibus não rodam às 2 da manhã, e mesmo se eu conseguisse um emprego, eu não teria como chegar a ele.

Eu continuava pedindo empregos, até que um dia, um cara novo veio entregar leite no supermercado. Após uma breve (muito, muito breve) conversa com ele, ele me contou que seu amigo que era dono de uma pequena empresa de lácteos estava procurando por um motorista.

Ele perguntou se eu sabia como dirigir um caminhão e eu disse que sim. A verdade é que eu nunca tinha nem entrado em um caminhão, e, portanto, nunca tinha dirigido um. Eu apareci para a entrevista de emprego. Eu estava com tanto medo de não conseguir o emprego (porque minha carteira de motorista era de outro Estado) que eu disse para o dono da empresa que eu era um motorista de caminhão no Brasil e que precisava do emprego porque minha esposa estava grávida.

Eu tenho que pedir para você não julgar meu caráter, e eu sei que as pessoas não devem mentir. Não estou tentando me justificar, só quero dizer que eu realmente precisava daquele emprego. Principalmente porque eles estavam oferecendo 350 dólares por semana. O negócio era que eu tinha que chegar ao armazém às 2:30 da manhã e eu ainda não tinha um carro.

Se você conhece Newark, Nova Jersey, você sabe como é longe da cidade de Elizabeth. A empresa de lácteos ficava em Elizabeth, a aproximadamente 25 minutos de distância de carro.

Após terminar a entrevista, eu sabia de duas coisas: número um, eu não tinha um carro; e número dois, eu não poderia perder outra oportunidade. Eu fui para casa e comecei a contar o dinheiro que tinha economizado (neste ponto, eu já tinha devolvido à minha mãe o dinheiro que ela me deu para a passagem de avião) e eu pude juntar 70 dólares. Já que eu estava determinado a conseguir este emprego, eu fui à Toys "R" Us e comprei uma bicicleta.

A única rota que eu podia usar para ir trabalhar era passando pelo centro de Newark. Se você nunca foi ao centro de Newark, permita-me descrevê-lo para você. É o mais perto que se pode chegar ao cenário de "The Walking Dead".

Eu fiz uma escolha e eu tinha um sonho e um objetivo.

Eu me lembro de ter um ataque de pânico no dia anterior ao meu primeiro dia de trabalho, pensando, "Como diabos que eu vou dirigir aquele caminhão?"

Em breve eu entenderia como o universo funciona ao nosso favor, se nós dermos o primeiro passo.

Eu não consegui dormir na noite anterior. Eu fechei os olhos e minha mente se transformava em uma simuladora de caminhão. Eu conseguia me enxergar sentado no caminhão, eu conseguia ver o painel e conseguia sentir o momento que eu tinha que mudar de marcha. Eu me via e sentia fazendo grandes curvas abertas e olhando pelo retrovisor para ter certeza de que os pneus não subiriam na calçada.

Na minha cabeça, eu me considerava um motorista de caminhão.

Quando eu cheguei ao trabalho, o dono da empresa me perguntou onde eu havia estacionado meu carro. Ele ficou chocado ao saber que eu tinha ido para o trabalho de bicicleta. Era novembro, inverno, e estava nevando.

Novamente, ele perguntou se eu tinha experiência dirigindo um caminhão, e após passar a noite anterior dentro de um simulador de caminhão, eu estava confiante o suficiente para dizer que sim, que eu era um motorista muito experiente.

Eu carreguei o caminhão e estava esperando ir sozinho, quando ele me disse que ia comigo para me ensinar a rota. Foi aí que eu comecei a entrar em pânico. Eu pensei, "Caramba, ele vai descobrir que eu não faço ideia de como dirigir um caminhão!" Enquanto andávamos em direção ao caminhão, eu fui para o lado do motorista, subi no caminhão e sentei atrás do volante. Enquanto me preparava para ligar o motor, eu comecei a invocar o Espírito Santo. Meu chefe virou para mim e disse: "Espera um momento, você não sabe a rota. Deixe-me dirigir para que você possa aprender o caminho".

Naquele momento, na minha mente, eu estava gritando: Aleluia, que o Senhor seja abençoado!

Eu sei que muitas pessoas não aceitariam o trabalho, mas como eu disse, quando você dá o primeiro passo, apesar de não saber de todos os detalhes, o universo trabalha a seu favor.

Eu treinei por duas semanas, e foi suficiente para eu aprender a dirigir aquele caminhão.

Parte da minha rota era entregar produtos lácteos para dezenas de *food trucks* dentro do Porto de Elizabeth. Um dia, eu parei em um cliente frequente para fazer a entrega e Paul (cliente) me perguntou se eu conhecia alguém que sabia cozinhar. Seu cozinheiro havia se demitido. Tenha em mente que eu não falava inglês muito bem na época. Eu perguntei a Paul quanto era o salário semanal daquele trabalho e ele me disse: 400 dólares. Eu disse a ele que conhecia um cara muito inteligente que era um cozinheiro incrível. Ele me pediu para dar suas informações ao candidato e eu olhei para ele e disse: "Paul, isto não vai ser necessário, porque você está olhando para o seu candidato". Ele sorriu e me perguntou se eu tinha experiência. Confiando no universo mais uma vez, eu disse: "Paul, eu era cozinheiro no Brasil". Naquele momento, eu só me importava com o dinheiro extra, que me traria mais perto do meu objetivo de 800 dólares semanais.

Eu voltei para o armazém, e foi uma viagem ótima. Eu ainda tinha que dar a notícia para o meu chefe, e quando eu o contei, ele me surpreendeu ao me oferecer mais dinheiro. Ele perguntou quanto Paul ia me pagar e eu disse que 450 dólares. Ele me ofereceu 450 dólares para ficar. Eu consegui um aumento de quase 35% em apenas algumas semanas trabalhando como motorista, porque eu estava sempre procurando por novas oportunidades. Mas eu ainda tinha que dar a notícia para Paul. Na próxima manhã, quando cheguei ao *food truck* do Paul, eu disse que meu chefe me fez uma oferta após saber que eu estava indo embora. Paul me perguntou quanto meu chefe me ofereceu e eu disse: 500 dólares. Paul hesitou por um segundo e disse: "Melhor você ficar com ele". Ainda assim, eu disse o quanto era grato pela oportunidade, sem saber ainda que o universo interferiria ao meu favor mais uma vez.

Algumas semanas mais tarde, Paul contratou um novo cozinheiro, mas não deu certo. Ele estava ficando desesperado, porque eles estavam planejando construir um novo shopping, e seu *food truck* estava estacionado bem na frente da construção. Ele estava esperando pelo menos 1000 trabalhadores famintos passando pelo seu caminhão todos os dias, e só tinha alguns meses para treinar um novo cozinheiro.

Novamente ele me ofereceu o trabalho. Desta vez, ele decidiu me oferecer 550 dólares, só para ter certeza de que eu aceitaria o trabalho. Eu disse que sim, e foi outra viagem feliz de volta ao depósito. Eu entrei no escritório do meu chefe da mesma forma que antes, e disse que Paul tinha oferecido 600 dólares por semana. Meu chefe não conseguia acreditar, e agora foi a vez dele me deixar ir.

No meu primeiro dia, Paul me deu a opção de me comunicar com ele em inglês ou em grego. Aquilo foi tão incrível que até hoje eu não consigo agradecê-lo o suficiente por tudo que eu aprendi com ele. Eu fui forçado a aprender inglês ou morrer.

Com meu novo salário, as coisas começaram a acontecer mais e mais rápido, e o meu novo objetivo era comprar um carro e conseguir um emprego de meio-período. Eu já conseguia sentir o cheiro do meu salário de 800 dólares semanais. Eu estava chegando perto.

Depois de comprar meu primeiro carro, um Dodge Plymouth Caravan 1997, eu pude conseguir um trabalho de meio-período em um lugar chamado "Crystal Plaza".

O Crystal Plaza ainda é o terceiro melhor lugar para casamentos nos EUA. Eles fazem todos os tipos de festas, casamentos, *bar* e *bat mitzvahs*, funerais, tudo.

Após conseguir o emprego de meio-período, minha rotina semanal era mais ou menos assim: eu começava minha semana na segunda-feira às 4 da manhã e trabalhava até as 4 da tarde com o Paul. Meu horário era o mesmo na segunda, terça, quarta e quinta. Na sexta, após terminar meu turno aproximadamente às 4 da tarde, eu tinha que começar a trabalhar no Crystal Plaza das 6 até as 3 da manhã. Se você estiver tentando calcular, eu trabalhava toda sexta-feira por cerca de 23 horas seguidas, mas não parava por aí. Eu chegava em casa às 4 da manhã do sábado e tirava um cochilo de 4 horas. Eu tinha que estar de volta ao Crystal Plaza às 9 da manhã, onde eu trabalhava em duas festas. Eu voltava para casa às 4 da manhã do domingo e voltava às 9h daquela manhã. Eu fazia duas festas e voltava para casa na segunda-feira, às 2 da manhã, tirava um cochilo de duas horas e ia direto para o *food truck* para trabalhar até as 4h da tarde da segunda-feira. Você provavelmente está cansado só de ler isto, agora imagine como eu estava me sentindo ao ter que trabalhar todas estas horas.

A vida era boa. Eu estava me matando, mas eu tinha conquistado meu objetivo em apenas 4 meses. Eu estava me sentindo um milionário. Eu estava recebendo USD800 dólares por semana com dois trabalhos. Eu trabalhava cerca de 92 horas por semana.

Após conquistar meu objetivo, a pergunta era por quanto tempo eu conseguiria continuar fazendo aquilo.

Trabalhar no Crystal Plaza fez com que eu me envolvesse com culinária de alta classe. Então, um dia após observar os chefs, eu pensei: EU PRECISO APRENDER A FAZER ISTO. Se eu aprendesse, eu poderia conseguir um trabalho melhor. Apesar de que eu havia conquistado meu objetivo, eu não estava nem perto de parar.

Um dos meus amigos que também trabalhava no Crystal Plaza trabalhava em um restaurante italiano durante a semana. Como ele ia viajar para o

Brasil, ele pediu para que eu o encontrasse em seu outro trabalho, para que pudéssemos organizar como eu o levaria para o aeroporto.

Eu fui para o restaurante italiano, seu outro emprego. Enquanto eu esperava para falar com ele, eu pedi a comida e recebi o mesmo tipo de prato gourmet, e pensei novamente: "Eu preciso aprender a cozinhar algo assim". Eu tive a sorte de ser apresentado ao chef e dono do restaurante, e não hesitei em perguntá-lo se eu poderia trabalhar ali de graça, algumas horas por semana, para aprender a cozinhar.

Virgil, o dono do restaurante, disse que ia pensar e pediu que eu voltasse em uma semana.

Na próxima quarta, após meu turno de 12 horas cozinhando no *food truck*, eu passei pelo restaurante para ver se poderia trabalhar para Virgil e aprender seus segredos culinários.

Foi aí que o universo decidiu intervir novamente.

Quando sentamos à mesa, Virgil começou a explicar que ele não poderia me deixar trabalhar de graça. No entanto, ele tinha uma proposta ainda melhor para mim.

Ele começou a me contar que estava muito impressionado, e após estar nos EUA por quase três décadas (ele também era brasileiro) ele nunca ouviu falar, nem ninguém pediu para trabalhar de graça para aprender.

Ele me contou que ele tinha este restaurante por cerca de 13 anos, que ele ganhou muito dinheiro, mas que por conta do tipo de negócio, ele não tinha tempo para aproveitar este dinheiro. Eu percebi pela sua maneira de gerenciar o negócio que sua falta de motivação e ambição estavam levando o restaurante à ruína.

Ele se desculpou por não poder me deixar trabalhar ali de graça, mas queria que eu fosse seu sócio. Eu estava chocado. O que ele queria dizer com sócio?

Ele disse o que eu já sabia sobre não estar motivado, e que ele não estava mais apaixonado pelo negócio. Então ele me perguntou quanto dinheiro eu estava ganhando por semana e me disse quanto dinheiro eu teria que investir no negócio.

Eu disse que eu estava ganhando USD800 por semana e que tinha conseguido guardar cerca de USD15 mil dólares, e como ele podia ver, eu não estava em condições de comprar seu negócio ainda.

Ele olhou para o teto, parou por um segundo e disse: "Marcos, vou fazer o seguinte. Eu vou avaliar este restaurante em USD300 mil. Você investe os seus USD15 mil, o que vai te dar uma participação de 5% no negócio. Eu vou te ensinar tudo o que eu sei e o negócio vai te pagar um salário de mil dólares. Toda semana, pagaremos todos os gastos e você terá um lucro de 5%. O que acha?"

Eu não conseguia acreditar no que estava ouvindo! Em apenas 13 meses desde que eu me mudei para os Estados Unidos e eu já estava tendo a oportunidade de ter meu próprio negócio. Vozes começaram a aparecer na minha cabeça. Minha voz positiva estava tão feliz e motivada quanto qualquer ser humano estaria, mas minha voz negativa estava dizendo: "Você está louco se aceitar esta proposta. É boa demais para ser verdade. Que tipo de pessoa ofereceria algo assim? Tenha cuidado! Uma vez que você o der seu dinheiro, ele dirá que nunca te vendeu nada. Você não é americano. Você não fala inglês. Etc., etc., etc.".

Por um momento, eu fechei os olhos e um filme passou pela minha cabeça. Todos os sacrifícios e longas horas de trabalho para economizar meu dinheiro iriam embora em um segundo. Eu me considero uma pessoa que toma riscos, e após um momento, eu disse para minha voz negativa: "Dane-se! Eu vou aceitar a proposta e se algo acontecer vou trabalhar duro novamente".

Eu tinha mais a ganhar do que tinha a perder.

No próximo dia eu me demiti de ambos os meus trabalhos e comecei a trabalhar no meu negócio. Os Estados Unidos é o melhor lugar para ter um negócio, mas é o pior lugar para ter um emprego. Você não acha? Dê uma olhada em todas as leis tributárias e você verá.

Treze meses após chegar aos EUA, eu tinha conquistado meu "Sonho Americano". Eu tinha meu negócio e 13 empregados. Eu não seria nada sem meu time. Eles sempre foram muito pacientes, me ensinaram inglês e eu aprendi muito sobre o negócio com eles. Escrevendo este capítulo da minha história, eu me sinto um pouco como o Leonardo Di Caprio no filme "Prenda-me se For Capaz".

Após começar a trabalhar no restaurante, eu só queria saber de comida e de cozinhar. Eu comia, dormia e respirava o restaurante. Eu só assistia a programas do Food Network. Eu só lia revistas de culinária. Eu tentei aprender o máximo que podia sobre o negócio, e o negócio ia bem.

Muitas pessoas, e talvez até você, podem estar pensando como eu fui sortudo por ter esta oportunidade. Deixe-me dizer, eu não acredito em sorte.

Ter sorte para mim é o equivalente a ganhar na loteria sem comprar o bilhete.

Existem três pilares que apoiam a riqueza. Negócios, imóveis e ações.

Eu já tinha o primeiro. Faltavam dois.

Eu vou resumir a história (eu tenho que economizar para o meu segundo livro). Após trabalhar no restaurante por cerca de 13 meses, eu comecei a questionar se eu queria acabar como o Virgil.

Se você já trabalhou na área de restaurantes, você vai entender o que eu vou mencionar. Eu tinha me tornado um escravo da indústria de restaurantes. Eu tinha 25 anos de idade na época e já estava começando a ficar exausto. Virgil estava farto. Eu tinha cerca de 45% do negócio naquela época. Ele se recusava a investir no restaurante para fazer melhorias, então após visitar o Estado da Flórida, eu decidir sair e me mudar para lá. Como eu não podia voltar e conseguir um trabalho, eu liguei para minha prima que estava se divorciando e me ofereci para comprar a rota da FedEx do seu ex-marido.

Esta era a oportunidade perfeita para mim. Eu teria meu próprio negócio e só precisaria trabalhar de segunda a sexta-feira. Eu poderia aproveitar os finais de semana e férias com minha esposa e filho (Sim, eu consegui namorar e casar), e ainda ganharia um bom dinheiro.

Trinta dias depois, eu estava morando no Estado ensolarado. Era quase o ano 2000 e o mercado imobiliário estava em alta. Era hora de trabalhar no meu segundo pilar, e comecei a investir em imóveis.

Você provavelmente lembra como era fácil ser aprovado para comprar uma casa no ano de 2000.

Eu comecei meu negócio imobiliário e estava fazendo a mesma coisa que todo mundo, comprando uma casa pagando quase nada de entrada, alugando e comprando outra.

De 2000 a 2004, eu comprei cerca de 12 casas. Foi aí que um amigo me deu um livro chamado "A solução de 16%". Como eu não era bom leitor, eu fiz o que todo mau leitor faz quando ganha um livro. Eu o folheei, procurando por imagens. Como não havia nenhuma, eu utilizei esta desculpa para colocar o livro de lado.

Na verdade, o principal motivo pelo qual eu não li o livro foi porque eu pensei que já sabia de tudo sobre o mercado imobiliário.

Na maior parte do tempo, o que você sabe é mais perigoso do que o que você não sabe. Sabe por quê?

Simplesmente porque saber algo vai colocá-lo em uma mentalidade orgulhosa. Isto vai fechar sua mente para novas coisas e novas oportunidades.

Aquele livro teria me introduzido às duas estratégias que me tornariam milionário anos depois. O que eu fiz? Eu coloquei o livro em uma gaveta do meu escritório, nunca o li, e continuei com minha vida corrida.

Eu preciso perguntá-lo uma coisa: quantas oportunidades passam por sua vida todos os dias e você faz a mesma coisa?

Eu pude expandir meu negócio da FedEx para três caminhões, e em maio de 2006, eu vendi meu pequeno negócio de transporte. Eu então estava oficialmente aposentado e estava trabalhando apenas com imóveis. Eu tinha expandido meu negócio imobiliário a 17 propriedades, e meu sonho na época era ter meu próprio programa de TV.

Eu tinha migrado de programas da Food Network para programas da HGTV.

O mercado imobiliário estava em alta e a vida era boa.

Agora, se você se lembra do que aconteceu em 2007, você provavelmente já entendeu que minha aposentadoria não durou muito tempo.

A crise imobiliária atingiu a Flórida em outubro de 2006. Eu perdi 16 das minhas 17 propriedades.

Quando a crise começou, eu estava trabalhando em uma propriedade fora da Flórida. Esta foi a única que eu pude salvar.

Eu perdi quase todas as minhas propriedades. Então decidi me mudar para Houston.

Eu fui forçado a voltar para a FedEx, e comecei a dirigir um caminhão novamente.

Minha carreira imobiliária tinha acabado. Meu crédito estava arruinado e eu não tinha nenhum dinheiro para investir. De fato, após eu me mudar para Houston com minha família, não tínhamos dinheiro nem para consertar o aquecedor. Tivemos que tomar banhos frios por mais de um mês!

Em 2008/2009, quase 5 anos após meu amigo me dar o livro "A solução de 16%", eu estava limpando meu escritório. Bem, é importante ressaltar que eu limpava meu escritório mais que uma vez a cada 5 anos. Enfim, eu encontrei o livro novamente e decidi, finalmente, lê-lo.

Aquele livro mudou a minha vida. Aquela foi a semente que mudou a vida de centenas de outras pessoas.

Eu me senti tão idiota por não ter lido aquele livro antes. Eu não conseguia dormir, pensando no dinheiro que eu poderia ter ganhado se tivesse lido aquele livro em 2004.

Por causa daquele livro, hoje eu tenho um negócio internacional e viajo pelo mundo ensinando sobre *tax liens* (penhora ou hipoteca de propriedade) e *tax deeds*.

Eu tenho estudantes que começaram com nada e já ganharam centenas de milhares de dólares.

Eu já fiz mais de 350 transações. Eu comprei propriedades de até USD31.38 dólares.

Recentemente, eu comprei uma propriedade no Condado Montgomery que vale mais de um milhão de dólares e paguei apenas USD6.342,79 por ela!

Nos próximos capítulos, você vai aprender tudo sobre *Tax Liens* e *Tax Deeds*. Você verá como estas duas estratégias são as mais rápidas e seguras para construir riqueza. Você está pronto para aprender a construir sua riqueza sem riscos?

Espero que você goste deste livro e que ele possa ter o mesmo efeito em sua vida que o outro livro teve na minha.

Capítulo 2

O Básico - Primeiros Passos

IMPOSTOS SOBRE PROPRIEDADES

Os impostos sobre propriedades são investidos em:

- Serviço policial
- Corpo de bombeiros
- Parques e áreas de lazer
- Construção e manutenção de estradas
- Escolas públicas e outros serviços públicos.

Quando os impostos prediais devem ser pagos?

Os impostos sobre propriedade geralmente devem ser pagos em novembro, mas você pode pagar até o último dia de abril.

O que acontece se o dono não pagar seus impostos?

Se o condado não receber o pagamento, ele coloca um *lien* (embargo) sobre sua propriedade, um *Tax Lien*. Um *Tax Lien* é o *lien* preferencial sobre a propriedade.

O que significa *"Lien* preferencial"?

A lei americana está baseada no código penal inglês. Na Grã-Bretanha, o rei e a rainha devem ser pagos primeiro. Nos Estados Unidos não há rei ou rainha, então o Governo cumpre o papel de rei. O Governo deve ser pago primeiro! Sempre!

Você deve estar pensando: *"Qual a vantagem de ter um lien preferencial se o condado não receber os impostos devidos? Isto não vai resolver o problema de fluxo de caixa do condado..."*

A estratégia de saída dos condados é oferecer *Certificados de Tax Lien* e *Tax Deeds* como uma maneira de conseguir o dinheiro que eles precisam para custear os serviços que a população necessita.

O QUE SÃO *TAX DEEDS* E *CERTIFICADOS DE TAX LIEN?*

O que são exatamente os *Certificados de Lax Lien* e os *Tax Deeds*?

Os *Certificados de Tax Lien* são documentos emitidos pelo condado para cobrir um *lien* (*embargo/penhora*) anexado a uma propriedade pelo não pagamento dos impostos prediais por um determinado período de tempo.

O *Tax Deed* dá ao condado a autoridade de vender a propriedade para coletar os impostos devidos e transferir o direito de posse ao comprador. Essas vendas chamam-se "vendas/leilões de *tax deed*".

Regulado por Lei

A beleza destas duas estratégias é que as leis estaduais regulamentam investimentos em TD e CTL. Não importa como está a economia, quem é o presidente, ou a flutuação da bolsa de valores. Você sempre vai receber ou uma grande porcentagem ou a propriedade, o que leva a grandes lucros.

Certificados de Tax Lien e *Tax Deeds* são uma novidade?

Na verdade, não. Estas duas estratégias têm sido utilizadas desde 300 A.C. pelo Império Romano. Nos Estados Unidos, um dos documentos mais antigos sobre o assunto é um *Certificado de Tax Lien* emitido contra o Castelo Monticello. Thomas Jefferson, o dono do Castelo e terceiro Presidente dos

Marcos Jacober

EUA, teria perdido sua propriedade se John Adams, o segundo Presidente, não tivesse concordado em emprestar-lhe o dinheiro para salvar o imóvel.

COMO VOCÊ PODE COMPRAR TD & CTL

Existem várias formas pelas quais você pode comprar *Certificados de Tax Liens* e *Tax Deeds*. Cada condado adota o(s) método(s) que eles acham mais apropriados para suas necessidades. Vamos ver cada um destes métodos em detalhes:

Leilões Ao Vivo:

Assim como sugere o nome, os lances são feitos em tempo real em um leilão ao vivo. Muitos condados conduzem leilões ao vivo no fórum local. Os leilões podem durar um dia ou algumas horas, dependendo da quantidade de propriedades ou *tax* liens/*deeds* sendo oferecidos.

Leilões Online:

Graças à internet, você não precisa sair de casa para comprar um *tax deed* ou um *certificado de tax lien*. As empresas de leilão seguem as regras ditadas pelos condados, então verifique a data do leilão e informe-se sobre todos os detalhes. Tenha em mente que você pode precisar fazer um depósito antes do leilão ou submeter documentos com certa antecedência.

Venda de balcão/*over the counter*:

Se você mora em outro Estado ou até mesmo em outro país, pode ser uma boa ideia concentrar suas buscas em Estados que ofereçam "vendas de balcão" (*over the counter*).

Quando você compra em *"over the counter"*, você não precisa participar de um leilão. Você poderá comprar *Certificados de Tax Lien* ou *Tax Deeds*, recebendo as taxas máximas de juros pagas por aquele condado e não precisará competir com ninguém. Você também pode encontrar *Tax Deeds* no *over the counter*.

Existem 3144 condados nos Estados Unidos, e cada um deles geralmente possui 3500-4500 propriedades em suas listas. Tudo o que você precisa fazer é pagar o que se deve de impostos (mais taxas) e a propriedade será sua.

MÉTODOS DE LEILÃO

Vamos dar uma olhada em alguns dos métodos de leilão utilizados pelos condados em um leilão de impostos.

Fazendo um lance premium ou bônus:
O leilão de *certificado* de *tax lien* começa com o valor total de impostos não pagos, juros acumulados, multas e outros custos legais. O vencedor é aquele que oferece o maior valor além do lance iniciar (valor da dívida).

Fazendo um lance a menor da taxa de juros:
Fazer um lance em qualquer *lien* nesta modalidade de leilão começa com a taxa de juros máxima permitida por lei. Investidores oferecem lances decrescentes (primeiro em 16%, depois 15%, 14%, etc.). O vencedor será o investidor que estiver disposto a aceitar o menor percentual de juros para seu investimento.

Fazer lance a menor da porcentagem de posse:

Lances em um *lien* em um leilão começam com 100% de posse. Investidores oferecem lances de maneira decrescente (primeiro em 100%, depois 99%, 98%, etc.). O vencedor é o investidor que estiver disposto a aceitar o menor percentual de posse sobre o imóvel.

Lances Rotacionais:

O leiloeiro começa com o primeiro lote da lista e pergunta à pessoa no primeiro assento se ele/ela está interessado(a) na propriedade #1. Se não, ele passa para a pessoa no próximo assento, até que todos na sala tenham tido a chance de dar ou não um lance. Em seguida o leiloeiro passa para a propriedade #2 seguindo o mesmo modelo.

Para fazer o download de um Guia de Pesquisas de *Tax Sale* gratuito e pronto para imprimir, visite www.the24secret.com

Capítulo 3

Certificados de Tax Lien

O QUE SÃO *CERTIFICADOS DE TAX LIEN* E QUAIS SÃO SUAS VANTAGES?

Quando um proprietário não paga os impostos prediais, o condado onde a propriedade está localizada tem autoridade para colocar um *tax lien* sobre tal propriedade. Um *Certificado de Tax Lien* é um requerimento/ ação legal contra uma propriedade devido ao não pagamento de impostos. Se o dono da propriedade paga seus impostos atrasados, ele irá pagar juros sobre a dívida, mais outras multas e taxas que o condado coloca sobre o valor. Mas como o condado não pode esperar até que o dono da casa pague seus impostos, já que ele precisa do dinheiro para continuar a operar, ele realiza uma venda de *tax liens*.

A venda de **Certificados de Tax Lien** é quando o condado vende as dívidas sobre as propriedades que possuem impostos atrasados a investidores. As vendas são feitas no formato de leilão, que é público e qualquer um pode participar. As únicas exceções para participar de um *tax sale* são: funcionários do condado ou seus parentes; donos das propriedades ou qualquer um com interesse naquela propriedade em particular, e aquelas pessoas que devem impostos ao condado onde quer comprar a propriedade.

Vantagens de Investir em *Certificados de Tax Lien*

1. Estratégia segura: não importa como o mercado ou a economia variem, o rendimento é fixo. Ele é legal e garantido por lei.

2. Quando você investe em um *Certificado de Tax Lien*, o dono da propriedade deve lhe pagar o valor total do *lien* mais os juros que o condado colocou sobre o valor (e dependendo do condado, você pode receber desde 5% a 36% de juros sobre seu dinheiro). Você não encontrará estas taxas de rendimento em nenhum outro lugar.

3. O retorno do investimento geralmente fica entre 6 meses e três anos.

4. Se o dono da propriedade não realizar o pagamento, o dono do *lien* (você, investidor) tem a prerrogativa de tomar posse do imóvel, assim como o condado teria feito, mas você comprou este direito. E você acabará com a propriedade liberada pelo preço que você pagou mais a taxa do processo de requerimento da escritura.

5. Cada Estado adota suas próprias taxas de juros e seus próprios prazos para resgate. Existem muitas opções para investir.

Resumindo

Investir em *Certificados de Tax Lien* é sempre uma situação vantajosa. Ou você recebe 5% a 36% de juros no retorno sobre seu investimento, garantido e assegurado pelo condado; ou você acabará ficando com a propriedade.

COMO FUNCIONAM OS *CERTIFICADOS DE TAX LIEN*?

Quando alguém deve impostos prediais, (o prazo máximo para pagamento de todos os impostos é em abril) e o dono da propriedade não realiza o pagamento; no(s) seguinte(s) mês(es) (dependendo do Estado), os condados tornarão estes *liens* disponíveis para a compra por investidores. Você estará comprando dois direitos que o condado tem sobre as propriedades, e estes direitos são:

1) Coletar juros (multa) que o dono da propriedade pagará sobre os impostos devidos; e

2) O direito de tomar posse da propriedade caso o proprietário decida não pagar os impostos prediais dentro do **prazo para resgate** (prazo de tolerância que o condado dá ao proprietário para o pagamento dos impostos). O prazo varia, dependendo do Estado, de 6 meses a 3 anos.

Para você obter a propriedade, quando você compra um *Certificado de Tax Lien*, algumas coisas devem ter acontecido:

1. O dono não pagou a dívida durante o prazo para resgate.

2. Os condados relutam em tomar as propriedades das pessoas sem uma boa causa, então os passos para tomar posse de um imóvel devem ser seguidos ao pé da letra. Mas se você seguir os passos ditados pela lei, não haverá problema.

3. É uma boa ideia contratar um advogado de *tax liens* para ter certeza de que você está seguindo todas as regras. Na maioria dos Estados, você recuperará o gasto com custas legais.

4. Em uma situação normal, os *liens* são pagos na ordem em que são registrados (o *lien* mais antigo é pago primeiro). Um *Certificado de Tax Lien* é considerado o "sênior" de todos os outros *liens*, o que significa que eles sempre são pagos primeiro.

Por exemplo: quando alguém quer comprar uma casa, para conseguir hipotecá-la, o banco fará uma busca do título/escritura para ter certeza de que não há *liens* sobre a propriedade. Se a propriedade estiver sem problemas, o banco financiará a casa. Então, eles registrarão o valor do empréstimo/hipoteca na forma de um *lien* sobre o imóvel como garantia de pagamento. Este é o primeiro *lien* registrado na propriedade. Se eles fizerem uma segunda hipoteca na casa, então haverá outro *lien* registrado na propriedade, e assim por diante. Quando um *Certificado de Tax Lien* é colocado sobre a casa, o *Certificado* passa na frente de todos os outros *liens* e se torna o primeiro *lien* sobre a propriedade, o mais importante e que deverá ser pago primeiro.

Exemplo prático de como *Certificados de Tax Lien* funcionam:

1) Existe uma propriedade com um VM (valor de mercado) de USD155.000; a hipoteca é de USD130.000. Os impostos que se devem naquela propriedade são de apenas USD1.328 no ano de 2011. E o prazo destes impostos é até abril de 2012.

2) Se o condado não receber o pagamento para os impostos sobre a propriedade, ele colocará um *lien* sobre a propriedade e venderá este *lien* aos investidores.

3) Como investidor, após fazer uma pesquisa minuciosa, você irá ao condado e comprará o *lien* daquela propriedade. O condado então dará a você o *Certificado de Tax Lien* onde está registrado que

quando os impostos da propriedade forem pagos, você receberá os juros pagos pelo dono do imóvel. Neste exemplo, a taxa de jurosserá de 24%.

4) Após comprar o *Certificado de Tax Lien*, as partes interessadas na propriedade devem ser notificadas de que elas possuem uma janela (ou "prazo para resgate") para pagar os impostos inadimplentes com juros.

5) Quando o dono da casa ou a parte interessada na propriedade pagar os impostos, eles então pagarão USD1.646 (USD1.328 que eram devidos + 24% de juros encima deste valor).

6) O condado coletará o pagamento, e por lei, ele tem 4 dias para enviar o cheque com o valor que você investiu mais os juros.

Lembre-se: se o dono da propriedade não liquidar a dívida (pagar a dívida de impostos) dentro do prazo para resgate, o primeiro titular do *lien* pode entrar com o requerimento para tomada de posse; e ele/ela irá ficar com a propriedade pelo preço que pagou pelo *Certificado de Tax Lien* mais despesas de transferência de escritura.

De volta ao nosso exemplo...

1) Quando o prazo para resgate expirar; você entrará em contato com o condado e dirá que quer requerer a escritura de posse.

2) Você enviará um cheque de USD79.00 ao condado, para que eles possam processar o pedido de emissão da nova escritura.

3) Todos os outros *liens* serão eliminados (ex: hipoteca) e você recebe a escritura sobre a propriedade, que vale USD155.000.

4) Após adquirir a propriedade, você pode vendê-la por, por exemplo, 60% do valor de mercado (para vendê-la rápido): você terá então ganhado USD95.000de lucro.

Quais são as taxas de resgate?

Dependendo do tipo de propriedade que você está disposto a comprar, alguns *liens* são mais prováveis de serem resgatados do que outros. **Casas de família, terras agrícolas e propriedades comerciais de propósito único** possuem chances de 97-98% de serem resgatadas durante o prazo para resgate.

Estes tipos de propriedades geralmente são tudo o que o dono tem, então farão de tudo para não perderem suas propriedades devido a inadimplência.

Propriedades como terrenos baldios ou áreas industriais possuem 60% a 65% de chance de serem resgatados. Geralmente, os donos desse tipo de propriedade não se importam tanto com elas, ou não têm um uso imediato para elas, então eles podem não se importar em perdê-las.

Se o seu objetivo é investir em *Certificados de Tax Lien* para obter uma propriedade, você deve investir em casas de qualidade inferior, em bairros mais problemáticos, e você terá mais chances de ficar com a propriedade. Se você não quiser lidar com a propriedade e todos os problemas que podem vir com ela, ou se você não confortável tendo imóveis; você deve comprar *Certificados de Tax Lien* de imóveis de alta qualidade, já que são mais prováveis de serem resgatados.

Para evitar 99% dos riscos de investir em *Certificados de Tax Lien*, não compre *tax liens* de terrenos comerciais ou industriais. Existem muitos problemas que podem estar escondidos nesse tipo de propriedade.

Nosso conselho: invista em *Certificados de Tax Lien* de casas de família.

Taxas de Juros em *Certificados de Tax Lien*

ESTADO ANUALIZADO VS. ESTADO COM TAXA FIXA

Estado Anualizado:

Pagamento de taxa garantida pelo condado em um período de 12 meses. O retorno é acertado quando o *Certificado de Tax Lien* é resgatado. Por exemplo, Iowa garante 24% por ano, ou seja, 2% ao mês. Então o número de meses nos quais o dono da casa permanecer inadimplente afetará o seu rendimento. Se ele pagar 3 meses após o leilão, a 2% por mês, você receberá juros de 6% sobre seu investimento.

Estado com taxa fixa:

Uma taxa fixa de retorno garantida por um período de 12 meses, não importando qual seja o prazo para resgate. Por exemplo, se você comprar um *Certificado de Tax Lien* na Georgia a uma taxa de rendimento de 20% por ano, e o dono da casa fizer o resgate no mês seguinte (após o leilão), você ainda receberá 20% de juros sobre seu investimento.

ESTADOS HÍBRIDOS

Alguns Estados são híbridos (eles oferecem ambas as estratégias: *Certificados de Tax Lien* e *Tax Deeds*). Mas, diferentemente de outros Estados que permitem apenas uma estratégia para todo o Estado, os Estados híbridos podem oferecer *Certificados de Tax Lien* e *Tax Deeds* em todos os condados, uma estratégia em alguns condados e a outra estratégia em outros. Alguns oferecem *Certificados de Tax Lien* em uma jurisdição e *Tax Deeds* em outras jurisdições, dentro do mesmo condado.

Veja a lista abaixo:

Nova York

- Você precisa verificar com cuidado com cada jurisdição para determinar como eles conduzem suas venda. Em alguns condados que possuem vendas de *Tax Deeds*, você encontrará vilas e cidades que possuem vendas de *Certificados de Tax Lien*.

Ohio

- Condados com população de mais de 200.000 pessoas podem oferecer vendas de *Certificados de Tax Lien*. Em outros casos, as *tax sales* são vendas de despejo em leilões públicos. Os tribunais devem confirmar todas as vendas.

Flórida

- Trata-se de um Estado de *Certificados de Tax Lien*, onde se o *Certificado de Tax Lien* não for resgatado dentro do prazo para resgate, a propriedade vai para uma venda de *Tax Deed* para satisfazer o *tax lien*. Se você fez sua pesuisa sobre o imóvele comprou um *Certificado de Tax Lien* em uma propriedade valiosa e fim de obter tal propriedade, você terá que participar de um leilão contra outros investidores na venda do *Tax Deed*. Se você está interessado em obter uma propriedade na Flórida, o investimento em *Tax Deeds* é a melhor opção, e não o *Certificados de Tax Lien*.

Nevada

- Assim como na Flórida, Nevada começa o processo de *tax sale* pela venda de um *Certificado de Tax Lien*. Se a propriedade não for resgatada, ela vai para um leilão secundária: a venda de *Tax Deed* ou venda de avaliação especial.

DIREITOS DO PROPRIETÁRIO INADIMPLENTE

O dono da propriedade tem alguns direitos, apesar do investidor ter comprado um *Certificado de Tax Lien* contra a propriedade. Os direitos do proprietário são:

1. Direito de permanecer na propriedade.

2. Direito de não ter o investidor indo à sua propriedade para incomodá-lo(a) (em alguns Estados é até contra a lei o dono do *lien* contatar o proprietário).

3. Direito a um prazo para resgate; e

4. Direito de contestar a venda.

Por exemplo, você participou de um leilão e comprou um *Certificado de Tax Lien* e o proprietário original entrou com um processo contra você. Isto é improvável de acontecer, pois se o dono da casa não tinha USD1.000 para pagar pelos impostos prediais, quais são as chances de ele ter dinheiro para contratar um advogado para contestar a venda. Mas caso isso aconteça, ele deverá estar preparado para provar que:

- Ele/ela pagou os impostos e que o condado cometeu um erro e colocou o *lien* sobre a propriedade e a vendeu de todas as maneiras.

- O condado não obedeceu à lei ao vender a propriedade (por exemplo: eles não anunciaram publicamente a venda daquela propriedade).

- A "pessoa interessada na propriedade" (proprietário ou o banco) alega não ter sido propriamente notificado que um *tax lien* foi posto sobre a propriedade.

O QUE FAZER SE A PROPRIEDADE NÃO FOR RESGATADA?

A esta altura, você provavelmente está se perguntando: "O prazo para resgate acabou, ninguém apareceu para pagar os impostos devidos, portanto, a propriedade não foi resgatada. O que acontece a seguir? O que eu, como investidor, preciso saber?"

Você terá que fazer uma das duas coisas a seguir, dependendo da jurisdição:

- Tudo o que o investidor precisa fazer é requerer o *Tax Deed*, após fornecer provas de que ele/ela notificou todas as partes interessadas (o banco, proprietário, etc.) na propriedade.
- O pedido para um *Tax Deed* inclui uma quantidade de outros requerimentos que o investidor deve fazer antes de completar o processo para obter a propriedade.

Queremos ressaltar que se você vai investir em um condado e não estiver familiarizado com as regras, você deve contratar um advogado imobiliário para guiá-lo por todo o processo (pelo menos) nas primeiras vezes que você fizer isto.

RESPONSABILIDADES DO INVESTIDOR

Na maioria dos Estados, o investidor do *Certificado de Tax Lien* deve:

1. Notificar todos que estão interessados na propriedade que um *Certificado de Tax Lien* foi comprado nesta propriedade (busca por título)

2. Completar qualquer outro requerimento estabelecido pela jurisdição onde você está comprando o *Certificado de Tax Lien* (consulte seu advogado).

CONTRATANDO UM ADVOGADO

Em alguns casos de despejo, é exigido que o investidor sempre tenha conselhos durante o processo.

Não é difícil contratar um advogado. No entanto, não contrate qualquer um; certifique-se de que você contratou um advogado especializado no setor imobiliário que entenda o processo de inscrição para o *Tax Deed* e que conheça a jurisdição muito bem.

Quando você faz uma transação de fora do Estado, é melhor contratar um advogado que fará toda a papelada para você, porque eles possuem seguro contra más práticas (caso eles cometam um erro) que cobrirá qualquer custo caso eles não façam o trabalho corretamente. Se você se arriscar e decidir fazer tudo sozinho para economizar algumas centenas de dólares e cometer um erro, você será responsável por todos os custos.

Tenha em mente que na maioria dos Estados você pode recuperar uma parte das custas legais. Não há razão para NÃO contratar um advogado.

Nosso conselho: Para ter paz espiritual durante um processo de despejo, contrate um advogado que conheça as leis do Estado e que completará o processo para você imediatamente. Você pode não precisar de um advogado em todos os casos, mas é sempre bom ter um na manga.

OS RISCOS DE INVESTIR EM *CERTIFICADOS DE TAX LIEN*

Como todos os investimentos que você faz, há um risco e uma recompensa. Os riscos da estratégia de *Tax Lien* são:

- Comprar um *Certificado de Tax Lien* sobre o qual você não tem informações suficientes.

Para evitar este risco: SIGA O PROCESSO PESQUISA MINUCIOSA.

- Se você não estiver completamente ciente das regras daquele Estado/condado e de todas as coisas que você precisa fazer se quiser obter a propriedade.

Para evitar este risco: CONTRATE UM ADVOGADO.

- **O proprietário cancela a venda**

Já falamos sobre isto, e pode acontecer de o proprietário conseguir provar que pagou os impostos ao condado, ou que a venda do *Certificado de Tax Lien* não foi anunciada publicamente; ou, quando você estiver requerendo a escritura e uma das partes interessadas na propriedade alegar que não foi propriamente notificada. Você não perderá seu dinheiro, mas também não ganhará nada.

• Impostos subsequentes ou impostos pós-julgamento

Quando você deseja participar de um leilão, você precisa ver o ano no qual o processo foi arquivado, porque se você comprar um *Certificado de Tax* Lien, você será responsável pelos chamados "impostos pós-julgamento", que são os impostos dos anos após o processo judicial. Então tenha isto em mente, porque se você não pagar esses impostos, um novo *Certificado de Tax Lien* será vendido, e este novo *lien* derrubará o seu. Ou seja, você será o proprietário inadimplente.

• Vencimento

Lembre-se que um *Certificado de Tax Lien* tem uma vida útil de 7 anos. Algo precisa ser feito dentro desses 7 anos, ou o Certificado não será mais válido. Na maioria dos Estados, se o *Certificado de Tax Lien* expirar e você não tiver requerido a escritura ou a posse da propriedade, o Certificado que você possui não valerá nada.

• Se você não registrar o *Certificado de Tax Lien*

Na maioria dos Estados, as autoridades tributárias registrarão o *Certificado de Tax Lien* para você automaticamente. Mas caso não o façam, é sua responsabilidade registrar seu Certificado. Se o Estado não fizer isto para você e você não o fizer tampouco, você perderá todo o seu investimento.

• Fazer acordos diretamente com o proprietário

Em alguns Estados, é contra a lei contatar o proprietário da casa diretamente para negociar com ele o pagamento o *Certificado de Tax Lien*. Certifique-se de perguntar ao seu advogado se é possível, de acordo com a lei, contatar o proprietário. Principalmente se você planeja pedir a escritura ao fim do prazo para resgate. A documentação legal deve ser enviada ao proprietário e todas as partes interessadas na propriedade; e se você tiver um acordo verbal com ele, você estará quebrando o protocolo, e potencialmente poderia estar desrespeitando a lei, o que resultaria na perda do seu investimento.

• A propriedade possui uma notificação de contaminação

Se você comprou um *Certificado de Tax Lien* de uma propriedade que tem uma notificação de contaminação (isto geralmente acontece com propriedades comerciais) e você tem a possibilidade de pedir uma escritura da propriedade. NÃO FAÇA ISTO (a não ser que você possa avaliar os custos de limpeza)! Neste caso, é melhor perder o dinheiro que você utilizou para comprar o *Certificado de Tax Lien* (digamos USDUSD500 ou USD1000), do que obter uma escritura para uma propriedade e ser responsável pelos custos de descontaminação. Em alguns casos, isto pode custar milhões de dólares.

• Conluio com Concorrentes

Isto acontece quando você pergunta aos outros participantes do leilão quanto eles estão pensando em gastar, o que eles planejam comprar naquele leilão ou perguntar como eles vão distribuir as propriedades. Você pode ser preso por isto, e sua compra pode se tornar inválida. Respeite o formato do leilão para seu próprio bem.

Apenas lembre-se que podemos eliminar 99% destes riscos se tivermos conhecimento sobre como o sistema funciona e se soubermos o que estamos fazendo. E você pode evitar a maioria dos riscos se comprar apenas casas de família ou investir apenas em áreas residenciais.

As recompensas deste negócio são tremendas e realmente valem seu tempo e esforço.

Também lembre-se que você não precisa comprar *Certificados de Tax Lien* em leilões apenas. Como mencionado no Capítulo 1, você pode ir ao condado pessoalmente ou procurar online e comprar *Certificados de Tax Lien over the counter*.

Para baixar um infográfico gratuito sobre *Tax Deed* e *Tax Lien*, visite www.the24secret.com.

Capítulo 4

Tax Deeds

O QUE SÃO *TAX DEEDS*?

Quando você compra uma propriedade em leilão de *Tax Deed*, você está comprando a propriedade em si, ao invés dos juros pelo seu investimento.

VENDA DE *TAX DEED*

É quando o condado vende propriedades que possuem impostos que não foram pagos. Essas vendas são feitas em formato de leilão, são abertas ao público e qualquer um pode participar. As únicas pessoas que não podem participar de um *tax sale* são: funcionários do condado ou seus parentes; donos da propriedade ou qualquer um com interesse naquela propriedade em particular, e se você dever impostos ao condado onde você está tentando comprar a propriedade.

Para uma venda de *Tax Deed*, o condado pedirá para você obter um formulário chamado Declaração de Não-Inadimplência de Impostos, declarando que você não deve impostos ao condado que está realizando o leilão, e, portanto, você está liberado para comprar as *Tax Deeds* durante o leilão. Você precisa submeter o formulário para o escritório do Assessor Coletor Tributário entre 5 a 7 dias antes da data do leilão. O formulário custa cerca de USD10, e na maioria dos casos é válido por 3 meses.

Quando alguém deve impostos sobre uma propriedade, (digamos, o prazo para todos os impostos é em abril) e o dono da propriedade não realizou o pagamento, nos meses seguintes, em Estados com *Certificados de Tax Lien*, os condados irão tornar estes *tax liens* disponíveis para os investidores. Nos Estados de *Tax Deed*, na maioria dos casos, o condado vai esperar mais um ano para o proprietário pagar seus impostos. Se o proprietário não realizar o pagamento dentro desse período, o condado iniciará o processo de execução fiscal e então colocará a propriedade em leilão.

Existem duas formas diferentes pelas quais o condado pode leiloar uma propriedade:

1. Eles vendem a propriedade por um lance mínimo que inclui impostos, multas, juros e custos.

Exemplo: Se você tem uma propriedade na qual o dono deve USD6.000 de impostos e a propriedade vale USD200.000. Se o dono não pagar esse valor no próximo período de 365 dias, o condado colocará a propriedade para leilão com o lance inicial de USD6.000 (impostos + multas + juros + taxas + custos).

2. Eles venderão a propriedade por um lance mínimo que seja relacionado com uma porcentagem do valor de mercado da propriedade.

Visite o site do escritório do Coletor de Impostos para descobrir qual dos dois formatos eles adotam para vender os *Tax Deeds*. A maioria dos condados utiliza o sistema onde o lance mínimo é o valor que se deve de impostos mais custos.

COMO FUNCIONAM OS *TAX DEEDS*?

Exemplo prático:

1. Existe uma propriedade com um VM (valor de mercado) de USD200.000. O dono deve USD6.000 de impostos prediais desde o ano 2013, com prazo para pagamento até abril de 2014.

2. O condado irá esperar mais um ano para que o dono realize o pagamento. Neste exemplo eles esperariam até abril de 2015 para o pagamento dos impostos inadimplentes.

3. Se o condado não receber o pagamento da propriedade até aquela data, ele colocará a propriedade à venda, com o lance inicial no valor que se deve de impostos (neste caso, USD6,000).

4. Como investidor, após fazer a devida pesquisa, você irá ao leilão do condado para fazer ofertas sobre a propriedade. Você acabará fazendo o lance mais alto e comprará a propriedade por, digamos, USD35.000.

5. Após realizar o pagamento ao condado, você receberá a escritura da propriedade, que diz que seu valor de mercado é de USD200.000.

6. Se a casa tem uma hipoteca ou algum outro lies, a dívida é cancelada e você receberá a propriedade pelo preço que você pagou no leilão (com a exceção dos *liens* superiores, como os da Receita Federal).

7. O retorno do seu investimento dependerá de sua estratégia de saída. Para este exemplo, nossa estratégia de saída será a venda, onde venderemos a propriedade para outro comprador por 60% do valor de mercado para recuperarmos nosso dinheiro rapidamente.

Receberemos um cheque do comprador de USD120.000, tendo um lucro total de USD85.000.

ESTADOS DE *DEEDS* RESGATÁVEIS

Em alguns Estados, o dono anterior da propriedade tem a oportunidade de resgatar a propriedade do novo dono (o investidor). O prazo para resgate varia por Estado, mas geralmente é de 6 meses a 2 anos. Atualmente, existem 10 Estados de *Deed* Resgatável e 1 território, como a seguir:

- Connecticut
- Delaware
- Georgia
- Guam
- Hawaii
- Louisiana
- Massachusetts
- Pennsylvania
- Rhode Island
- Tennessee
- Texas

COMO COMPRAR *TAX DEEDS*?

Existem 3 maneiras de comprar um *Tax Deed*:

1. Leilões ao vivo – no Texas, a maioria dos leilões são feitos no fórum do condado. Condados maiores fazem leilões de *Tax Deed* todos os meses. Para saber mais sobre como o condado realiza suas vendas de *tax deeds*, vá ao site do Coletor de Impostos do condado no qual você está interessado.

2. Leilões online – A Flórida realiza leilões online para *Tax Deeds*.

3. Vendas de Balcão – Estas são as propriedades que sobram, ou as que não foram vendidas durante os leilões. Você pode chegar em qualquer condado ou visitar seus sites para ver essas propriedades estão disponíveis para venda, e você pagará apenas os impostos que se devem sobre a propriedade.

Se a venda é uma venda de encerramento para impostos (*foreclosure*), o lance mínimo é de impostos + multas + juros + custos. Em alguns condados, se o condado já realizou o despejo da propriedade e tem posse sobre ela, o lance mínimo é uma porcentagem do valor de mercado da propriedade.

IMPOSTOS PÓS-JULGAMENTO

Lembre-se, no entanto, que quando você participa de um leilão, você precisa prestar atenção no ano em que o processo judicial foi iniciado, pois se você comprar a propriedade, você será responsável pelos "impostos pós-julgamento", que são os impostos para os anos após o processo. Por exemplo: se a propriedade possui dívida de imposto de 2013 e a propriedade vai a leilão em 2015, ao comprar esta propriedade você precisará pagar os impostos de 2014 e 2015.

O risco é: você vai ao leilão com USD5.000, dá uma oferta no valor de USD5.000 e não tem os USD2.000 extras para os impostos pós-julgamento, e aí será um problema. Então é muito importante que você entenda como o sistema funciona, tudo que precisa ser pago uma vez que você compra a propriedade para evitar este tipo de situação.

Resumindo

O nível de pesquisa necessário para a compra do *Tax Deed* é extremamente alto, já que você estará comprando a propriedade em si. Você terá que determinar se:

A propriedade está livre de todos os outros *liens* e encargos?

Quanto vale esta propriedade? Qual o seu valor de mercado? (estratégia de saída)

OS RISCOS

Para toda propriedade que você comprar, pode haver um risco. Os riscos dos *Tax Deeds* são:

1) Fazer uma oferta na propriedade errada ou não ter informações suficientes sobre ela.

2) Se você não está completamente ciente de todas as regras daquele Estado/condado em particular e de todas as coisas que precisa fazer.

Por exemplo: se você compra uma propriedade que planeja vender no mês seguinte, e aquele Estado tem um período de resgate de 2 anos, você não poderá vender a propriedade até o fim do período de resgate.

3) Erros administrativos

Por exemplo: o condado divulga a propriedade como um terreno de 3 acres. Você não faz a devida pesquisa e após comprar a propriedade, você descobre que ela só tem 1 acre. O condado não será responsável por esses erros, então é muito importante fazer sua pesquisa com cuidado.

4) Vendas inválidas

Por exemplo: se o dono chegar e invalidar a venda, ou se houver algum erro na venda. Você receberá seu dinheiro de volta, mas terá desperdiçado seu tempo pesquisando aquela propriedade.

5) Falência

Por exemplo: se o dono declarar falência enquanto você está comprando a propriedade, você não perderá seu dinheiro, mas outras transações legais não podem ocorrer enquanto o processo de falência está acontecendo. Então você pode ficar preso àquela propriedade por mais tempo do que o planejado.

6) Impostos subsequentes ou impostos pós-julgamento

Nós já mencionamos os impostos pós-julgamento, então tenha em mente que se você não pagar seus impostos, um novo *lien* será vendido, que irá derrubar o seu.

7) Fazer acordos diretamente com o proprietário

NÃO FAÇA ACORDOS DE PAGAMENTO COM O PROPRIETÁRIO. Não tente ser um cara/moça legal. Em alguns Estados, você pode perder a segurança do *lien* imobiliário se você fizer isto. Certifique-se primeiro com seu advogado de que não há problemas em fazer isto de acordo com a lei estadual.

8) Conluio com concorrentes

Se você fizer acordos com outros participantes do leilão, perguntar a eles como irão distribuir as propriedades ou quanto eles pretendem oferecer, você pode ser preso e sua compra será invalidada. Respeite o formato do leilão para seu próprio bem.

Apenas lembre-se que você pode eliminar 99% destes riscos se você tiver conhecimento sobre o funcionamento do sistema e souber o que está fazendo.

As recompensas deste negócio são tremendas e realmente valem o seu tempo e esforço. Dedique algum tempo para aprender a superar os riscos para que você possa ganhar dinheiro.

7 PASSOS PARA INVESTIR EM *TAX DEEDS*

O processo de compra de *Tax Deeds* não é complicado. Siga esta sequência: compre o *Tax Deed*, lide com a papelada, aplique sua estratégia de saída e obtenha grandes lucros.

Abaixo estão os passos que você precisa seguir para se sentir confiante e começar a investir.

1) Consiga a lista de *Tax Deeds* do condado

Você pode pesquisar a lista de propriedades que o condado disponibilizou para o público, ou você pode pesquisar os *Tax Deeds* dos imóveis que não foram vendidos nos leilões anteriores (estes estarão na lista de balcão). Tenha em mente que algumas propriedades na lista de balcão são ótimos negócios! Muitas vezes, existem muito mais propriedades à venda do que investidores para comprá-las. Este é um dos motivos pelo qual algumas ótimas propriedades acabam na lista de balcão. Mas lembre-se, apenas uma pesquisa minuciosa pode eliminar os riscos.

2) Encontre um mapa da área

Como parte de sua pesquisa, você deve comprar um mapa do escritório do Inspetor do Condado para marcar pontos de referência perto da área onde a propriedade de seu interesse está localizada. Ao fazer isto, você pode determinar se será fácil ou não revender a propriedade.

3) Determine as melhores áreas para investir

A esta altura devemos começar o processo de eliminação das localidades menos favoráveis e nos concentrarmos nas melhores regiões para investir. Fale com agentes imobiliários ou amigos que vivem na área onde você está planejando investir e considere informações tais como notas dos distritos escolares, taxas de criminalidade, etc. Novamente, elimine as áreas problemáticas de sua lista.

4) Organize sua lista por ordem de valor do *tax deed*

Criar uma planilha pode ser uma boa ideia. Todas as informações sobre os *Tax Deeds* nos quais você está interessado estarão em um só lugar e você pode compará-los. Além disso, você pode organizar tudo no formato que quiser. Se você as listar por ordem de preço (começando com as mais baratas), será mais fácil determinar quanto você estará disposto a gastar em cada uma. Outros investidores podem ter a mesma ideia que você, e irão tentar comprar os *deeds* mais baratos primeiro, o que poderá aumentar seus preços. Agora, se você já decidiu quanto quer gastar em cada propriedade, você pode controlar suas emoções para não dar um lance muito alto em uma propriedade. Lembre-se, o objetivo é ter o maior ganho possível, sem ganhar todos os leilões. Algumas vezes, deixar para lá pode ser a coisa mais inteligente a se fazer.

5) Escolha propriedades residenciais

No mercado atual, existem mais compradores de propriedades residenciais do que compradores de propriedades comerciais ou rurais. O objetivo de investir em *Tax Deeds* é comprar propriedades a preços muito baixos e vendê-las rapidamente, para que você possa obter um retorno do seu investimento depressa, para poder reinvestir seu capital. Nós sugerimos que você ganhe experiência primeiro em comprar e vender propriedades residenciais, em vez de comprar propriedades comerciais, porque cada tipo de imóvel tem suas peculiaridades e regras, o que pode confundir você. Uma vez que você se sentir confiante para passar para outras categorias, você deve expandir seu portfólio de investimentos.

6) Colete informações sobre a propriedade

À medida que você organiza a lista de propriedades, as informações a seguir são OBRIGATÓRIAS em sua planilha:

a. Valor de mercado de cada propriedade (você pode contatar um agente para perguntar por quanto propriedades similares da área estão sendo vendidas e qual o tempo médio para fechar um acordo naquela região)

b. Endereço da propriedade

c. Número de referência (ou número de fólio)

d. Endereço do proprietário

e. Valor do *tax deed*

f. Valor avaliado

Algumas propriedades podem precisar de pequenas reformas para aumentar seu preço de venda. Recomendamos fazer pequenas reformas, mas apenas aquelas que impactarão a aparência da propriedade para vendê-la mais rapidamente. Por exemplo: pintura, papel de parede, acabamentos de gesso e decorações básicas.

7) Faça o investimento

Prepare-se para o leilão. Selecione as propriedades nas quais você quer investir e respeite o limite que você definiu para estas propriedades, e apenas faça ofertas abaixo deste valor. É muito comum ver investidores se deixarem levar pelas emoções e pelo desejo de ganhar o leilão. Evite este risco ao se preparar mentalmente. Além disso, quando você não pesquisa direito a propriedade, você pode ver outros investidores fazendo ofertas em uma propriedade, e você pode sentir que eles sabem de algo que você não sabe; então, você se sentirá tentado a se juntar à competição e acabará com um limão em suas mãos. Evite este risco ao pesquisar sobre a propriedade e fazer ofertas apenas naquela que você sente que são boas para você. Investir em *Tax Deeds* é uma atividade intelectual. Lembre-se de sempre utilizar a cabeça, não o coração.

ESTRATÉGIAS DE SAÍDA

Então você comprou uma propriedade. E agora? Estivemos falando sobre estratégias de saída e agora vamos dar algumas opções para você pensar. No entanto, antes de tudo, quando você pensa em investir em imóveis, você precisa ter uma "Lista de Compradores". Uma lista de compradores é uma lista de pessoas que estariam interessadas em comprar sua propriedade, sejam eles investidores ou uma família procurando uma casa. Lembre-se de se fazer conhecido para estas pessoas para que elas possam confiar em você para proporcioná-las com propriedades a preços razoáveis.

Abaixo estão algumas estratégias:

SAÍDA #1: Venda Wholesale

Vender uma propriedade que você acabou de comprar como wholesale é quando você a vende abaixo do valor de mercado para vender rápido.

Você não conserta ou reforma a casa, você vende como está para outro investidor, que então irá reformar a casa e vendê-la mais caro para um terceiro. Você pode vender sua propriedade por 60% do valor justo de mercado. Então, se considerarmos nosso exemplo inicial, comprados a propriedade em um leilão de *tax deed* por USD35.000, e seu valor justo de mercado é de USD200.000. Em duas semanas a vendemos a grosso para um comprador por USD120.000 (60%) para recuperar nosso dinheiro rapidamente. Lucramos com USD85.000.

SAÍDA #2: Revender por Lucro

Revender por lucro é quando você quer reformar uma propriedade para vendê-la pelo preço do mercado ou ainda maior. Após comprar a propriedade em um leilão de *tax deed* por USD35.000, mantendo em mente que o valor justo de mercado é de USD200.000. No entanto, você quer fazer algumas melhorias na propriedade para lucrar mais. Você investe mais USD20.000 em reformas e a anuncia por USD210.000. Após três meses, você gasta um total de USD55.000 e a vende por USD210.000. Ou seja, um lucro de USD155.000.

SAÍDA #3: Alugar

Alugueis podem ser uma fonte de renda estável entrando em sua conta bancária. Isto se chama "renda passiva". Você pode até contratar uma empresa para gerenciar sua propriedade por uma fração do aluguel.

SAÍDA #4: Hipoteca

Se você não tem um dinheiro extra para reinvestir e manter seu negócio imobiliário funcionando, você pode ganhar dinheiro rápido ao hipotecar a propriedade que você comprou. Por exemplo: como você aprendeu que precisa operar sob uma entidade, você comprou uma casa em um leilão pelo seu LLC. Então você vai ao banco e pede uma hipoteca para comprar a casa do seu LLC. O banco empresta o dinheiro da hipoteca, que você pode utilizar para reinvestir. Sim, você terá que pagar o banco, mas quando você reinvestir este dinheiro, você estará obtendo retorno sobre seu investimento (mais que o valor do empréstimo), em vez de não deixar o dinheiro trabalhar para você.

Para fazer o download de um infográfico sobre *Tax Deed* e *Tax Lien* gratuito e em cores, visite www.the24secret.com

Capítulo 5

Pesquisa sobre a Propriedade

ASSESSOR DO COLETOR DE IMPOSTOS

O Assessor do Coletor de Impostos do Condado (*Tax* Assessor Collector) é um oficial constitucional mandatado pelo estado, elegido pela população e que responde diretamente a ela.

Assessores-Coletores são eleitos a cada 4 anos e são uma de duas posições de mandato constitucional elegíveis no condado. O escritório do assessor-coletor coleta impostos ad valorem avaliados pelo Departamento de Avaliação (Appraisal District). O imposto sobre propriedade é avaliado de acordo com o valor da propriedade que o indivíduo deve. Como os impostos dependem de um valor, eles são chamados de ad valorem, que significa "de acordo com o valor".

O Escritório Tributário do Condado coleta os impostos sobre propriedades para suas jurisdições tributárias. O corpo administrativo de cada unidade tributária decide seu orçamento e taxa de imposto. As coletas destes impostos são consolidadas e coletadas pelo Escritório Tributário do Condado.

Marcos Jacober

Você vai começar sua pesquisa minuciosa pelo escritório do assessor-coletor de impostos (espera-se que pelo seu site). Aqui está o que você vai procurar:

- Quando e onde ocorrem os leilões.

- Se o escritório do Assessor de Impostos lida com listas de leilões ou se estas listas são gerenciadas por um escritório de advocacia ou uma agência de cobrança.

- Se eles gerenciam as listas, peça que as enviem para você (alguns condados pedirão que você pague uma pequena taxa para cobrir os custos de cópia, envelope e selos).

- Se o condado tem listas subsequentes ou eliminadas.

Se eles não têm um site, você vai precisar ligar ou ir pessoalmente ao escritório para encontrar estas informações iniciais.

ESCRITÓRIO DO ADVOGADO

Alguns condados contratam escritórios de advocacia ou agências de cobrança para coletar as dívidas em impostos sobre propriedade. O condado pode fornecer os contatos deles.

Alguns escritórios de advocacia são responsáveis pelas listas de diversos condados. Em alguns escritórios, é provável que você encontre as listas em seus sites.

A seguir está um exemplo de uma ferramenta online de busca de listas de impostos:

DEPARTAMENTO DE AVALIAÇÃO

Departamentos de avaliação são responsáveis por avaliar propriedades nos condados para propósitos de impostos ad valorem de cada unidade tributária que impõe impostos ad valorem nas propriedades do condado. Os departamentos de avaliação também são responsáveis por manter as informações das propriedades atualizadas.

O departamento de avaliação é onde você vai buscar mais informações sobre a propriedade na qual você planeja investir. Como muitos departamentos de avaliação possuem todas as informações online (é de registro público), você pode aproveitar a internet para obter informações sobre aquela propriedade.

Para realizar uma busca, você precisará de algumas informações que você vai pegar da lista de propriedades, como:

- Número da conta.

- Nome do proprietário.
- Descrição legal ou endereço da propriedade.

Ao realizar uma busca no site do departamento de avaliação, você descobrirá:

- O local da propriedade (situs) ou endereço.
- O endereço do dono da propriedade (que pode ou não ser o mesmo).
- Uma lista de isenções daquela propriedade (se houver alguma).
- Valor avaliado da propriedade.

O valor total da propriedade, de acordo com o departamento de avaliação, pode ser mais ou menos que o real valor de mercado da propriedade.

FEMA

A Agência Federal de Gerenciamento de Emergências (Federal Emergency Management Agency – FEMA) faz parte do Departamento de Segurança Nacional. A missão da FEMA é apoiar os cidadãos americanos e socorristas para se certificar de que, como uma nação, trabalhemos juntos para construir, sustentar e melhorar nossa capacidade de nos prepararmos, protegermos, reagirmos, nos recuperarmos e mitigarmos todos os riscos.

Quando você decide investir em *Certificados de Tax Lien* e *Tax Deeds*, você precisa estar preparado para se tornar o dono do imóvel no qual você está investindo. Então é importante ter certeza do potencial de comercialização de sua propriedade. Uma informação chave é descobrir se a propriedade está em uma zona de enchentes (você não poderá construir na área) ou em uma área de inundação (que afetaria seu valor de mercado de forma considerável).

Ao visitar o site https://msc.fema.gov/portal e inserir o endereço da propriedade, você consegue acesso imediato a esta informação.

ESCRITÓRIO DO ESCRIVÃO DO CONDADO

Escrivães do Condado (County Clerk) são geralmente responsáveis por manter registros de todas as transações do corpo administrativo, incluindo resoluções e ordenanças. Eles são responsáveis por manter os registros de escrituras e licenças de casamento, além da maioria dos outros registros públicos.

Existem mais de 3.200 Escrivães do Condado, além de equivalentes a escrivães de tribunal nos Estados Unidos. Os Escrivães do Condado podem ajudar a localizar vários documentos físicos, incluindo registros de casamento (licenças), divórcio, criminais, judiciais, probatórios, além de outros documentos.

***Para ter acesso ao diretório dos condados dos Estados Unidos, por favor visite www.the24secret.com

Capítulo 6

Operando por Meio de uma Empresa

POR QUE VOCÊ DEVE OPERAR POR MEIO DE UMA EMPRESA?

Existem vantagens tributárias e garantias de proteção de bens quando você opera por meio de uma empresa.

Benefícios tributários

Você pode declarar gastos como viagens, alimentação, contas de telefone, parcelas de pagamentos de carros, deduções médicas, e assim por diante. No caso particular de *Tax Lien/Deeds*, você pode declarar gastos como:

- Viagem aos condados para leilões OU quando você for olhar qualquer propriedade na qual você possa estar interessado.
- Cursos de aprimoramento, como nosso Treinamento Prático.
- Equipamentos de escritório e materiais que você vai precisar para administrar seu negócio.
- Gastos com marketing para as propriedades que você quer vender.

Outras deduções

- A Receita Federal permite que pessoas com negócios autônomos deduzam 100% de seus prêmios de planos de saúde e outros custos médicos como franquias, que podem ser dedutíveis de impostos.

- Você também pode declarar os juros de sua hipoteca a cada ano, pontos de hipoteca e seguros privados de hipoteca. Operar um negócio baseado em sua casa também abre as portas para declarar uma porcentagem da metragem quadrada de seu escritório.

- Se você utiliza seu carro para o negócio, você pode deduzir: o valor depreciado de um automóvel, o licenciamento, reparos, pedágios, estacionamento e a quilometragem do carro. No entanto, por causa dos benefícios tributários que vêm com depreciação, com o tempo, pode ser mais barato alugar um veículo para negócios do que comprar um.

- Donos de empresas também podem ser beneficiados com incentivos fiscais para o pagamento de funcionários e contribuições para a aposentadoria.

Responsável Por Seus Próprios Impostos

Tenha em mente que ter um negócio requer disciplina em relação ao pagamento de impostos. A quantidade que você deve à Receita depende de quanto você ganha; e se você não se preparar e separar os fundos necessários para pagar seus impostos, as consequências podem incluir o pagamento de juros sobre qualquer pagamento atrasado e a Receita pode colocar um *lien* em sua conta bancária ou propriedade.

TIPOS DE ENTIDADES EMPRESARIAIS

Selecionar a estrutura legal de sua empresa é uma das decisões mais importantes que você vai fazer quando começar seu negócio.

Para tomar a melhor decisão, você deve considerar com cuidado sua escolha inicial de entidade empresarial a partir de vários ângulos, incluindo: propriedade/controle do negócio, proteção de bens e minimização de impostos.

Cada uma das entidades das quais iremos falar traz suas vantagens e desvantagens. A seleção da melhor entidade para seu negócio envolve considerar tanto questões ficais quanto não fiscais.

EMPRESA INDIVIDUAL (SOLE PROPRIETOR)

Uma empresa individual é o tipo mais básico de negócio a estabelecer. Você pode ser o único dono da empresa e o responsável por seus bens e passivos. Apesar de este ser o tipo de pequena empresa mais comum, não é necessariamente a melhor escolha quando se consideram fatores fiscais e não fiscais.

Vantagens:

- Simplicidade,
- Poucas formalidades recorrentes,
- Não há necessidade de pagar imposto de desemprego,
- Os donos podem misturar bens corporativos e pessoais à vontade,
- Fácil e barato de montar.

Desvantagem:

- Arriscado para proteção de bens. Todos os bens e passivos da empresa são tratados como pertencentes apenas a você, o dono da empresa.

SOCIEDADES

Uma sociedade é uma empresa com dois ou mais donos. Isto significa que a renda e prejuízo da sociedade são divididos entre os sócios e cada sócio declara sua parte e paga os impostos e taxas individualmente.

Vantagem:

- Flexibilidade, porque a quantidade de renda e prejuízo distribuídos para cada sócio pode variar, e a porcentagem de lucro pode diferir da porcentagem de prejuízo.

Desvantagem:

- Arriscado para proteção de bens. Os credores da sua empresa podem não só ter acesso aos seus bens pessoais, como você é pessoalmente responsável pelas ações dos seus sócios.

CORPORAÇÃO "C" REGULAR (C-CORP)

Uma C-Corp é um contribuinte separado, com renda e gastos taxados para a corporação e não seus donos. É mais complexa e sugerida para empresas maiores com muitos funcionários.

Vantagem:

- Responsabilidade pessoal & proteção de bens. Uma C-Corp é uma entidade separada, então os passivos e bens da empresa estão separados dos bens pessoais do dono.

Desvantagem:

- Dupla tributação. Uma C-Corp é uma contribuinte separada, com renda e gastos taxados à corporação e não seus donos. Se os lucros corporativos são distribuídos para os donos como dividendos, os donos devem pagar impostos pessoais sobre renda sobre a distribuição. Então a empresa paga impostos e o dono paga impostos.

SOCIEDADE DE RESPONSABILIDADE LIMITADA (LIMITED LIABILITY COMPANY - LLC)

A LLC é uma entidade criada e governada pela lei do estado que possui características tanto de uma corporação quanto de uma sociedade. Uma LLC foi feita para englobar:

- As características de responsabilidade limitada de uma corporação, e
- As eficiências fiscais e flexibilidade operacional de uma sociedade.

Vantagens:

- Sem impostos federais sobre renda. Ao contrário de uma corporação, as LLCs não são taxadas como entidades separadas.

Em vez disso, todos os lucros e prejuízos "passam" pela empresa para cada membro da LLC. Membros da LLC declaram os lucros e prejuízos em seus impostos federais pessoais.

• Responsabilidade pessoal & proteção de bens. Como a LLC também é uma entidade separada, os bens e passivos da empresa são separados do dono.

CORPORAÇÃO S (S-CORP)

Uma corporação S é parecida com uma corporação C, mas você só paga impostos no nível pessoal. Os lucros, prejuízos e outros itens fiscais passam pela corporação para você, e você declara tudo isto em sua declaração pessoal de impostos.

Vantagens:

• Sem impostos federais sobre renda. Assim como na LLC, a S-Corp também é um tipo de entidade que a renda "passa" por ela.

• Responsabilidade pessoal e proteção de bens. Ela também é uma entidade separada onde os bens e passivos da empresa estão separados dos bens do dono.

Desvantagem:

• Formalidade. Existem requerimentos mais restritos e mais formalidades, baseados na lei do estado para uma S-Corp em relação a uma LLC.

O MELHOR TIPO DE ESTRUTURA DE NEGÓCIO PARA VOCÊ

S-Corp vs. LLC

As similaridades são:

- Ambas permitem que você expanda seu negócio e obtenha mais donos.

- Ambas passam a renda para os donos, que a declaram em seus impostos pessoais.

- Ambos possuem responsabilidade limitada; isto significa que se a LLC contrair dívidas ou for processada, os bens pessoais dos membros geralmente estão isentos.

Aqui estão algumas das diferenças:

- Na LLC, os membros são autônomos, enquanto os acionistas da S-Corp são funcionários de sua corporação (significa que a S-Corp deve pagar pelo Seguro Social e Medicare dos seus funcionários, enquanto os membros autônomos da LLC precisam pagar eles mesmos pelas contribuições de Seguro Social e Medicare).

- Uma S-Corp tem uma vida independente, se um acionista deixa a empresa ou vende suas ações, a S-Corp pode continuar sua operação relativamente sem nenhum problema; enquanto a LLC tem uma vida limitada: quando um membro sai da LLC, o negócio geralmente é dissolvido e os membros devem cumprir com todas as obrigações legais e corporativas restantes para encerrar o negócio.

- No entanto, existem menos exigências de registros para uma LLC.

- Existem menos registros de papelada.

- A S-Corp também tem processos operacionais mais estritos e requerimentos de composição ditados pela Receita Federal americana, enquanto a LLC tem menos restrições em relação à partilha de lucros.

Resumindo

- Operar por uma LLC tem mais vantagens que por meio de uma S-Corp porque há menos restrições para a LLC em relação à S-Corp, sendo esta é a melhor forma de proteger seus bens pessoais.

- Não importa se você opera uma LLC de um único membro ou se ela possui vários donos, a LLC em si não paga impostos federais. Em vez disso, você declara todos os lucros e prejuízos da LLC em sua declaração de imposto de renda pessoal, ou cada dono é taxado sobre sua parte dos lucros por meio de seus impostos de renda pessoais.

- Donos e membros da LLC são autônomos, e portanto não estão sujeitos a retenção de impostos. Então cada membro deve pagar impostos estimados e impostos de trabalhador independente (Medicare e seguro social) trimestralmente à Receita Federal no escritório tributário estadual.

- Uma S-Corp deve alocar seus lucros e prejuízos entre os donos, baseados estritamente em porcentagem de propriedade; em contraste, uma LLC pode alocar seus lucros e prejuízos na proporção que o dono desejar.

DICAS PARA MONTAR SEU NEGÓCIO

Abrir uma LLC requer um pouco de papelada, por isso recomendamos que você contrate um contador.

DICA #1: Quanto mais simples, melhor. Quando escolher um nome para sua LLC, você estará criando o nome com o qual você vai trabalhar; não precisa ser um nome diferente ou criativo para impactar as pessoas. Simplesmente o fato de que você opera por meio de uma entidade em vez de utilizar seu nome, já mostra que você leva seu negócio imobiliário a sério.

DICA #2: Escolha nomes diferentes. No formulário de inscrição do LLC, ele requer que você escreva duas opções de nomes para sua empresa. Crie nomes bem diferentes um do outro. O contador apresenta o primeiro nome à Secretaria do Estado; caso já esteja sendo utilizado, ele submete o segundo nome para aprovação. Se os dois nomes forem parecidos, por exemplo, se a primeira opção é ABC-123 e for negada; e sua segunda opção para um nome para o LLC for 123.ABC, muito provavelmente, este segundo nome também será negado, já que são parecidos um com o outro. Isto irá atrasar a aprovação da sua LLC, e o contador terá que enviar a papelada novamente com nomes diferentes.

DICA #3: Não escolha um nome muito específico. Além disso, quando estiver escolhendo um nome, sugerimos que você escolha um nome genérico em vez de específico (por exemplo, *"ABC Tax Deed Investing"*); e o motivo para isto é que quando você escolhe um nome muito específico, você limita as possibilidades para seu negócio. Se você acha que pode fazer outras coisas com sua LLC, um nome mais genérico possibilitará que você faça isto sem maiores problemas.

DICA #4: Qualquer um pode abrir uma LLC. Mesmo se você não tiver um social security number (documento americano), você pode pedir a abertura de uma LLC. O processo para preencher a inscrição é um pouco diferente, mas não demora mais para ser processado do que uma inscrição normal.

DICA #5: Os documentos necessários são:

- Cidadãos americanos: SSN e o formulário SS-4 assinado.

- Não-cidadãos americanos: cópia da primeira página do passaporte e o formulário SS-4 assinado.

Capítulo 7

Plano de Aposentadoria Qualificado

Hoje, mais do que nunca, proprietários de pequenos negócios percebem a importância de economizar para o futuro. Com a bolsa de valores volátil, taxa de desemprego, queda do dólar, crise no mercado imobiliário e o estado instável do seguro social, é imprescindível investir seu dinheiro de maneira inteligente para assegurar seu futuro financeiro.

O Código da Receita Federal americana permite benefícios especiais ficais e não fiscais que são oferecidos apenas para donos de pequenas empresas. Por meio de um Plano de Aposentadoria Qualificado (*Qualified Retirement Plan*), um dono de uma pequena empresa pode se beneficiar do seguinte:

- Enorme economia em impostos.
- Proteção de bens da Receita Federal americana, falência e credores.
- Você é o administrador e tem total controle de seu dinheiro.
- As contribuições aumentam os impostos diferidos.
- Possibilidade ter até USD50.000 em impostos diferidos.
- Você pode pegar dinheiro emprestado do plano.

- Saques por carência são permitidos.
- Financiamento de dívidas em imóveis é permitido.
- Além de muitos outros benefícios!

Um Plano de Aposentadoria Qualificado é uma das melhores ferramentas financeiras utilizadas para guardar e proteger seus bens. Este plano permite uma variedade de opções de investimentos que não são permitidas em outros planos de aposentadoria, como um IRA tradicional. Se você é o administrador do plano e eliminar comissões de custódia de terceiros, você pode economizar milhares de dólares! Uma das formas mais rápidas de fazer seu patrimônio crescer é minimizar as responsabilidades fiscais e taxas desnecessárias, e o Plano de Aposentadoria Qualificado resolve estes dois problemas.

INVISTA NO QUE VOCÊ CONHECE

Planejadores de Pensão fortemente encorajam que você invista no que conhece para potencialmente aumentar seu patrimônio com mais eficácia do que por meio de um plano de aposentadoria tradicional:

- Se você tiver experiência com o mercado imobiliário, você pode investir em imóveis.
- Se você conhece uma empresa que quer aumentar seu capital, você pode investir nesta empresa.
- Se você tem experiência na indústria hipotecária, você pode utilizar seu Plano de Aposentadoria Qualificado (QRP) como um credor.
- Se você tem conhecimento em investimentos em *tax lien* e *tax deed*, você pode utilizar seu QRP para comprar estes investimentos.

PLANO DE APOSENTADORIA QUALIFICADO VS. CONTAS INDIVIDUAIS DE APOSENTADORIA

Muitas vezes nos dizem:

"Eu já tenho um IRA, e não preciso de mais nada".

Uma vez que você compara as diferenças entre QRP, IRA e SEP IRA, você ficará chocado ao ver todos os benefícios que um QRP oferece.

A tabela que se inicia na página 93 mostra as vantagens do QRP em comparação ao IRA e ao SEP IRA.

401(K) E CARACTERÍSTICAS DE DIVISÃO DE LUCROS

Em um Plano de Aposentadoria Qualificado, um 401(k) e uma conta de Divisão de Lucros são permitidos. Isto permite que você maximize os USD17.500 em deferimento eletivo, assim como os USD33.500 restantes no plano de divisão de lucros, para um total de USD51.000 em contribuições para 2015.

ABRINDO UM QRP

Na American *Tax Lien* Association, nós facilitamos o processo de abertura de uma QRP. Visite www.the24percent.com para ter maiores informações e obter o formulário de inscrição.

	QRP	IRA	SEP IRA
Limite dedutível de contribuição para 2015	USD51.000	USD5.500	Não pode exceder o mínimo de: 25% de compensação dos funcionários ou USD51.000
Proteção contra credores, falência e Receita Federal	SIM, proteção ERISA é fornecida	Sem proteção ERISA. Proteção limitada contra falência.	Não pode exceder o mínimo de: 25% de compensação dos funcionários ou USD51.000
Habilidade de ser seu próprio administrador, escrever/assinar cheques e controlar os bens do seu plano diretamente	SIM	Não é permitido.	Não é permitido.
Possibilidade de pegar emprestado de sua conta de aposentadoria	SIM. Permite até USD50.000 ou 56 de conta de livre circulação	Não é permitido.	Não é permitido.
Contribuições de funcionários (deferimento eletivo)	USD17.500	Não é permitido.	Não é permitido.
Recuperar contribuições acima dos 50 anos de idade	USD5.500	USD1.000	Não é permitido.
Distribuições permitidas para carências	SIM	Não é permitido.	Não é permitido.

	QRP	IRA	SEP IRA
Limite dedutível de contribuição para 2015	USD51.000	USD5.500	Não pode exceder o mínimo de: 25% de compensação dos funcionários ou USD51.000
Proteção contra credores, falência e Receita Federal	SIM, proteção ERISA é fornecida	Sem proteção ERISA. Proteção limitada contra falência.	Não pode exceder o mínimo de: 25% de compensação dos funcionários ou USD51.000
Habilidade de ser seu próprio administrador, escrever/assinar cheques e controlar os bens do seu plano diretamente	SIM	Não é permitido.	Não é permitido.
Possibilidade de pegar emprestado de sua conta de aposentadoria	SIM. Permite até USD50.000 ou 1/2 de conta de livre circulação	Não é permitido.	Não é permitido.
Potencializar imóveis	Lucros NÃO são taxados.	Paga-se impostos normais sobre todos os lucros dos imóveis.	Paga-se impostos normais sobre todos os lucros dos imóveis.
Possibilidade de comprar seguro de vida	SIM	Não é permitido.	Não é permitido.
Acionista em uma S-Corp	SIM	Não é permitido.	Não é permitido.

	QRP	IRA	SEP IRA
Limite dedutível de contribuição para 2015	USD51.000	USD5.500	Não pode exceder o mínimo de: 25% de compensação dos funcionários ou USD51.000
Proteção contra credores, falência e Receita Federal	SIM, proteção ERISA é fornecida	Sem proteção ERISA. Proteção limitada contra falência.	Não pode exceder o mínimo de: 25% de compensação dos funcionários ou USD51.000
Habilidade de ser seu próprio administrador, escrever/assinar cheques e controlar os bens do seu plano diretamente	SIM	Não é permitido.	Não é permitido.
Possibilidade de pegar emprestado de sua conta de aposentadoria	SIM. Permite até USD50.000 ou 1/2 de conta de livre circulação	Não é permitido.	Não é permitido.
Investimentos Alternativos	Pode-se investir em muitos investimentos não tradicionais, como ouro, *tax deeds*, imóveis, *tax liens*, etc.	Muitos IRAs não permitem investimentos não tradicionais.	Muitos IRAs não permitem investimentos não tradicionais.

	QRP	IRA	SEP IRA
Limite dedutível de contribuição para 2015	USD51.000	USD5.500	Não pode exceder o mínimo de: 25% de compensação dos funcionários ou USD51.000
Proteção contra credores, falência e Receita Federal	SIM, proteção ERISA é fornecida	Sem proteção ERISA. Proteção limitada contra falência.	Não pode exceder o mínimo de: 25% de compensação dos funcionários ou USD51.000
Habilidade de ser seu próprio administrador, escrever/assinar cheques e controlar os bens do seu plano diretamente	SIM	Não é permitido.	Não é permitido.
Possibilidade de pegar emprestado de sua conta de aposentadoria	SIM. Permite até USD50.000 ou 1/2 de conta de livre circulação	Não é permitido.	Não é permitido.
Requisitos de Aquisição	Permite-se com até 20% por ano e não 100% adquirido até 6 anos com os empregadores (empregador pode escolher que funcionários sejam 100% adquiridos imediatamente)	N/A	Não é permitido. Funcionários são 100% adquiridos imediatamente.

	QRP	IRA	SEP IRA
Limite dedutível de contribuição para 2015	USD51.000	USD5.500	Não pode exceder o mínimo de: 25% de compensação dos funcionários ou USD51.000
Proteção contra credores, falência e Receita Federal	SIM, proteção ERISA é fornecida	Sem proteção ERISA. Proteção limitada contra falência.	Não pode exceder o mínimo de: 25% de compensação dos funcionários ou USD51.000
Habilidade de ser seu próprio administrador, escrever/assinar cheques e controlar os bens do seu plano diretamente	SIM	Não é permitido.	Não é permitido.
Possibilidade de pegar emprestado de sua conta de aposentadoria	SIM. Permite até USD50.000 ou 1/2 de conta de livre circulação	Não é permitido.	Não é permitido.
Contribuições roth pós-impostos	Permitido	Permitido	Não é permitido.

Após preencher o formulário entre em contato com a American *Tax Lien* Association e prepararemos os documentos do plano.

- Estabeleça um fundo fiduciário para os bens do plano em qualquer instituição financeira.

- Se você tem funcionários, forneça a Descrição Resumida do Plano e outras informações do plano para funcionários.

- Determine seu sistema de registro.

- Contribua com o plano, fundos com outras contas de aposentadoria e comece a investir.

GERENCIANDO UM QRP

Os passos que envolvem o gerenciamento do plano estão descritos a seguir:

Elegibilidade:

Se você tem funcionários, você precisa verificar sua elegibilidade para participar do plano.

Geralmente, um funcionário se qualifica para estar no plano uma vez que ele/ela tenha trabalhado 1000 horas e tenha 21 anos de idade ou mais. Os participantes podem entrar no plano no dia 1 de janeiro ou 1 de julho do ano do plano. Portanto, se um participante for contratado no dia 1/3/13 e trabalhar por mais de 1000 horas, ele/ela pode entrar no plano no dia 1/1/14.

Marcos Jacober

Contribuições:

Aqui estão alguns tipos diferentes de contribuições que você pode fazer em um QRP.

Contribuições Tradicionais de 401(k):

Você pode contribuir com até USD17.500 deferidos de impostos em um 401(k) tradicional. Estes também são conhecidos como deferimentos eletivos e não há limites de compensação. Por exemplo, se você ganha USD30.000 de saláwrio, você pode ainda investir os USD17.500 completos. Se você tem funcionários, e eles fazem contribuições de deferimentos eletivos, eles são 100% adquiridos.

Contribuições do Roth 401(k):

Você pode contribuir com até USD17.500 líquidos de impostos. As contribuições são feitas em uma conta separada do 401(k) tradicional pré-impostos. As contribuições para ambas as contas 401(k) tradicional e Roth não podem exceder USD17.500. Se você possui funcionários e eles fazem contribuições de deferimento eletivo, eles são 100% adquiridos.

Contribuições de Partilha de Lucros:

Um dos maiores benefícios do QRP é permitir um Plano de Partilha de Lucros em adição ao 401(k) é que você não precisa investir seu dinheiro em nenhuma das contas. Os limites de contribuição de partilha de lucros são as perdas de 20%-25% de compensação ou USD51.000 para 2015. Uma LLC pode contribuir com 20% de seus lucros ou pagamentos garantidos, e uma S-Corp pode contribuir 25% dos salários W-2. Se você possui funcionários, cada funcionário estará em uma agenda de aquisição de 6 anos, o que significa que eles não são 100% adquiridos até que tenham trabalhado para a empresa por 6 anos.

Responsabilidades Fiduciárias:

Os administradores de uma QRP possuem responsabilidades fiduciárias básicas que incluem:

- Seguir as diretrizes nos documentos do plano.
- Agir no interesse dos participantes para fornecer benefícios de aposentadoria.
- Informar os funcionários de qualquer mudança no plano, assim como seus direitos e responsabilidades no direcionamento de investimentos.

Requerimentos da Declaração Anual:

Planos de Aposentadoria Qualificados devem apresentar o Formulário 5500 à Receita Federal e ao Departamento de Trabalho americano se eles atendem um dos seguintes requerimentos:

- A empresa possui funcionários. OU
- O plano possui USD250.000 ou mais em bens.

A *American Tax Lien Association* possui um administrador terceirizado que pode arquivar o Formulário 5500 para seu QRP. Contate-nos para maiores informações.

Para bônus gratuitos com informações adicionais sobre *Tax Lien* e *Tax Deed*, visite www.the24secret.com.

Capítulo 8

Mentalidade de Investidor

O QUE VOCÊ PRECISA PARA COMEÇAR

Considerando o que você viu até agora, você pode estar se perguntando: como eu começo?

Existem alguns detalhes importantes que você precisa saber:

1. Você precisa de uma lista dos estados que vendem *Tax Deeds* (se você quiser investir em TD) ou *Certificados de Tax Lien*.

2. Informações sobre a taxa de juros de cada estado, assim como o prazo para resgate (se houver).

3. Como acessar os leilões.

4. Aprenda a identificar as melhores propriedades de acordo com seus objetivos.

Considere estas 5 perguntas antes de qualquer coisa

1. Qual estratégia é a mais apropriada para você?

2. Onde você deve concentrar seus esforços quando investir?

3. Quanto dinheiro você tem disponível para investir?

4. Por quanto tempo você pode esperar pelo retorno do seu investimento? Curto, médio ou longo prazo?

5. Quanto tempo por semana você teria para fazer esta estratégia funcionar para você?

É muito importante que você se dê uma chance para ser bem-sucedido.

Vá ao www.the24secret.com, onde você encontrará vídeos que irão discutir cada uma das 5 perguntas que acabamos de mencionar. Os vídeos também discutirão as limitações e objetivos para que você tome uma decisão bem informada.

Antes de começar o vídeo, por favor, imprima o modelo de planejamento gratuito para começar a fazer sua estratégia de investimento.

Qual estratégia é a mais apropriada para você?

Tax Deeds ou *Certificados de Tax Lien*? Qual é a melhor?

Não há um "melhor" neste caso.

Quando você investe em *Certificados de Tax Lien*, você tem a oportunidade de se beneficiar dos lucros por meio dos juros e multas pagos pelo dono, com a possibilidade de se tornar o dono da propriedade.

Quando você investe em *Tax Deeds*, você trabalha para se tornar o dono da propriedade e decidir o que fazer: vender ou alugar a propriedade.

Estas duas estratégias de investimento são interessantes e atrativas por motivos diferentes. Cada investidor tem sua preferência.

No entanto, sugerimos que você escolha uma delas, para que você se especialize em uma estratégia antes de passar para a outra.

Após o vídeo no www.the24secret.com, você encontrará um questionário. Suas respostas o ajudarão a determinar qual deve ser sua estratégia.

Onde você deve concentrar seus esforços?

Para responder esta pergunta, você pode contar com uma ferramenta excelente: a internet.

É muito útil saber o condado onde você pretende investir. Você deve começar com os estados e condados com os quais você tem maior familiaridade, lugares onde você possui parentes ou onde mora algum conhecido. Comece a fazer uma lista destes condados.

No entanto, se você não tem idéia, nem nenhuma referência para começar, sugerimos que você comece com o estado com o prazo para resgate mais curto, ou com o estado com a maior taxa de juros.

Após escolher o estado, você deve selecionar os condados. Utilizando qualquer ferramenta de busca (Google, Bing, etc.), você pode buscar pelo melhor condado naquele estado. Selecione os três melhores condados.

Cada condado tem vizinhanças boas e não tão boas. Você pode ver a qualidade das escolas ao visitar o h2p://www.greatschools.org/. A qualidade das escolas geralmente é uma boa ferramenta para determinar os melhores bairros.

Quanto dinheiro você tem para investir?

Algumas pessoas querem investir todo o seu capital, colocando-o para trabalhar imediatamente. Outros preferem começar devagar.

Existem tantos TLCs/TDs disponíveis que seria muito fácil você investir uma pequena fortuna em um curto período de tempo.

Se você decidir investir em *Certificados de Tax Lien*, eu aconselho investir uma porção do seu capital todo mês. Pode ser uma boa ideia dividir seu capital em 12 partes (ou decidir uma quantia a ser investida mensalmente).

Digamos que você tenha USD60.000 no total. Você pode investir USD5.000 por mês. Ao fazer isto, você terá um retorno constante, já que o TLC quase sempre será resgatado.

Se você decidir investir em *Tax Deeds*, é uma situação completamente diferente. Você pode investir todo o seu capital em uma, duas, ou quantas propriedades você tiver selecionado em sua pesquisa de propriedade (cobriremos como encontrar as propriedades certas em outra ocasião). Lembre-se: quando você compra um TD, você está comprando uma propriedade.

Você não precisa de USD5.000 para começar a investir. Existe uma grande variedade de TLCs e TDs, que vão de USD30 a USD3.000.000!

No entanto, um bom motivo para você controlar suas finanças é estipular o quanto investir. Por favor, não faça compras sem uma quantia estipulada. É comum ficar tentado a comprar mais do que se deve.

Quanto você está disposto a investir?

Que valor você acha apropriado investir em sua primeira transação?

Em quanto tempo você espera conseguir resultados?

Parte do seu plano de investimento é determinar quanto tempo você pode esperar para ter os resultados.

Você precisa ter em mente que alguns estados podem ter taxas de juros maiores, mas o período de resgate pode ser de 3 anos. Então pergunte-se: Eu posso ficar com este capital preso por até 3 anos? Se sua resposta for sim, isto será uma vantagem para você, porque poucos estão buscando investimentos a longo prazo.

Determine o período de resgate com o qual você quer trabalhar. Uma vez que você tenha decidido sua preferência, siga seu plano de investimento. Concentre-se nos limites que você impôs.

Quanto tempo você tem por semana?

Atividades cotidianas podem atrapalhar seu objetivo inicial, então é importante decidir quanto tempo separar para este negócio.

Consistência é a palavra-chave aqui. Não importa quanto tempo você possa dedicar às suas atividades de investimento, você deve torná-las parte de sua rotina. Você precisa marcar este período em sua agenda.

Para bônus gratuitos com informações adicionais sobre *Tax Lien* e *Tax Deed*, visite www.the24secret.com.

Capítulo 9

O Que Esperar de Cada Estado

Dependendo de quanto tempo e capital você tenha para este novo negócio, além dos seus objetivos como investidor, certos estados e/ou condados serão melhores para sua estratégia.

Abaixo está uma lista com as principais características e informações para cada estado. Por favor, utilize-a para ajudar na sua escolha de onde começar a investir.

ALABAMA

Categoria	Taxa de juros	Período de resgate	Tipo de leilão	Número de condados
Tax Lien	12%	3 anos	Premium	67

Telefone: (334) 242-1170
Site: www.alabama.gov

Marcos Jacober

ALASKA

Categoria	Taxa de juros	Período de resgate	Tipo de leilão	Número de condados
Tax Deed	N/A	Até 1 ano	Variados	27

Telefone: (907) 586-1325

Site: www.akml.org

ARIZONA

Categoria	Taxa de juros	Período de resgate	Tipo de leilão	Número de condados
Tax Lien	16% por ano	3 anos	Lance da menor taxa de juros	15

Telefone: (602) 252-6563

Site: www.azcounRes.org

CALIFÓRNIA

Categoria	Taxa de juros	Período de resgate	Tipo de leilão	Número de condados
Tax Deed	18% por ano	Até 2 anos	Premium	58

Telefone: (916) 445-2636

Site: www.sco.ca.gov

COLORADO

Categoria	Taxa de juros	Período de resgate	Tipo de leilão	Número de condados
Tax Lien	Variável	3 anos	Premium	63

Telefone: (303) 861-4076

Site: h2p://ccionline.org

CONNECTICUT

Categoria	Taxa de juros	Período de resgate	Tipo de leilão	Número de condados
Tax Deed Reembolsável	18% anual	1 ano	Premium	8

Telefone: (203) 498-3000

Site: www.ccm-ct.org

DELAWARE

Categoria	Taxa de juros	Período de resgate	Tipo de leilão	Número de condados
Tax Deed	15%	60 dias	Premium	3

Telefones:

Kent: (302) 744-2300

New Castle: (302) 395-5555

Sussex: (302) 855-7741

Site:

Kent: www.co.kent.de.us

New Castle: www2.nccde.org

Sussex: www.sussexcountyde.gov

DISTRITO DE COLUMBIA

Categoria	Taxa de juros	Período de resgate	Tipo de leilão	Número de condados
Tax Lien	12% por ano	6 meses	Premium	8

Telefone: (202) 727-6304

Site: www.dc.gov

FLÓRIDA

Categoria	Taxa de juros	Período de resgate	Tipo de leilão	Número de condados
Liens & Deeds	18%	2 anos	Lance da menor taxa de juros	67

Telefone: (850) 922-4300

Site: www.fl-counties.com

GEÓRGIA

Categoria	Taxa de juros	Período de resgate	Tipo de leilão	Número de condados
Tax Deed Reembolsável	10%-20%	1 ano	Premium	159

Telefone: (404) 522-5022

Site: www.accg.org

HAVAÍ

Categoria	Taxa de juros	Período de resgate	Tipo de leilão	Número de condados
Tax Deed	12% por ano	1 ano	Premium	5

Telefone:(808)547-7001

Site: h2p://portal.ehawaii.gov

IDAHO

Categoria	Taxa de juros	Período de resgate	Tipo de leilão	Número de condados
Tax Deed	N/A	N/A	Premium	44

Telefone: (208) 345-9126

Site: www.idcounRes.org

ILLINOIS

Categoria	Taxa de juros	Período de resgate	Tipo de leilão	Número de condados
Liens & Deeds	18% / 24%	2-3 anos	Lance da menor taxa de juros	102

Telefone: (217) 782-3336

Site: www.revenue.state.il.us

INDIANA

Categoria	Taxa de juros	Período de resgate	Tipo de leilão	Número de condados
Tax Lien	10-15%	1 ano	Premium	92

Telefone: (317) 684-3710

Site: www.indianacounRes.org

IOWA

Categoria	Taxa de juros	Período de resgate	Tipo de leilão	Número de condados
Tax Lien	24% por ano	1 ano e 9 meses	Lance da menor taxa de juros	99

Telefone: (515) 244-7181

Site: www.iowacounRes.org

KANSAS

Categoria	Taxa de juros	Período de resgate	Tipo de leilão	Número de condados
Tax Deed	N/A	N/A	Premium	105

Telefone: (785) 272-2585

Site: www.kansascounRes.org

KENTUCKY

Categoria	Taxa de juros	Período de resgate	Tipo de leilão	Número de condados
Tax Lien	12% por ano	1 ano	Premium	120

Telefone: (502) 223-7667

Site: www.kaco.org

LOUSIANA

Categoria	Taxa de juros	Período de resgate	Tipo de leilão	Número de condados
Tax Lien	12% + 5%	5 anos	Premium	64

Telefone: (225) 344-5001

Site: www.lma.org

MAINE

Categoria	Taxa de juros	Período de resgate	Tipo de leilão	Número de condados
Tax Deed	N/A	N/A	Selado	16

Telefone: (207) 624-5600

Site: www.maine.gov

MARYLAND

Categoria	Taxa de juros	Período de resgate	Tipo de leilão	Número de condados
Tax Lien	6%-24%	6 meses	Premium	23

Telefone: (410) 269-0043

Site: www.mdcounRes.org

MASSACHUSETTS

Categoria	Taxa de juros	Período de resgate	Tipo de leilão	Número de condados
Tax Deed	16% por ano	6 meses	Lances abaixo do valor da propriedade	14

Telefone: (617) 426-7272

Site: www.mma.org

MICHIGAN

Categoria	Taxa de juros	Período de resgate	Tipo de leilão	Número de condados
Tax Deed	15%	1 ano	Premium	83

Telefone: (800) 258-1152

Site: www.micounRes.org

MINNESOTA

Categoria	Taxa de juros	Período de resgate	Tipo de leilão	Número de condados
Tax Deed	N/A	N/A	Premium	87

Telefone: (651) 224-3344

Site: www.mncounRes.org

MISSISSIPPI

Categoria	Taxa de juros	Período de resgate	Tipo de leilão	Número de condados
Tax Lien	12% por ano + 5% de multa	2 anos	Premium	82

Telefone: (601) 359-1350

Site: www.ms.gov/content/Pages/Local-Governments.aspx

MISSOURI

Categoria	Taxa de juros	Período de resgate	Tipo de leilão	Número de condados
Tax Lien	10% por ano + 8% de impostos subsequentes	1 ano	Premium	114

Telefone: (573) 634-2120

Site: www.mocounRes.com

MONTANA

Categoria	Taxa de juros	Período de resgate	Tipo de leilão	Número de condados
Tax Lien	10$	2-3 anos	Aleatório ou rotacional	57

Telefone: (406) 449-4360

Site: www.mtcounRes.org

NEBRASKA

Categoria	Taxa de juros	Período de resgate	Tipo de leilão	Número de condados
Tax Lien	14% por ano	3 anos	Lance abaixo da porcentagem de propriedade	93

Telefone: (402) 434-5660

Site: www.nacone.org

NEVADA

Categoria	Taxa de juros	Período de resgate	Tipo de leilão	Número de condados
Liens & Deeds	12%	120 dias/ 2 anos	Premium	17

Telefone: (775) 883-7863

Site: www.nvnaco.org

NEW HAMPSHIRE

Categoria	Taxa de juros	Período de resgate	Tipo de leilão	Número de condados
Tax Lien	18%	2 anos	Lance abaixo da porcentagem de propriedade	10

Telefone: (603) 224-9222

Site: www.nhcounRes.org

NOVA JERSEY

Categoria	Taxa de juros	Período de resgate	Tipo de leilão	Número de condados
Tax Lien	18%	2 anos	Lance da menor taxa de juros	21

Telefone: (609) 394-3467

Site: www.njac.org

NOVO MÉXICO

Categoria	Taxa de juros	Período de resgate	Tipo de leilão	Número de condados
Tax Deed	N/A	N/A	Premium	33

Telefone: (505) 983-2101

Site: www.nmcounRes.org

NOVA YORK

Categoria	Taxa de juros	Período de resgate	Tipo de leilão	Número de condados
Liens & Deeds	14%	1 ano	Premium	62

Telefone: (518) 465-1473

Site: www.nysac.org

CAROLINA DO NORTE

Categoria	Taxa de juros	Período de resgate	Tipo de leilão	Número de condados
Tax Deed	N/A	N/A	Premium	100

Telefone: (919) 715-2893

Site: www.ncacc.org

DAKOTA DO NORTE

Categoria	Taxa de juros	Período de resgate	Tipo de leilão	Número de condados
Tax Deed	9%-12% por ano	4 anos	Lance da menor taxa de juros	53

Telefone: (701) 328-7300

Site: www.ndaco.org

OHIO

Categoria	Taxa de juros	Período de resgate	Tipo de leilão	Número de condados
Liens & Deeds	18% por ano	1 ano 15 dias (TD)	Premium	88

Telefone: (614) 431-5500

Site: www.buckeyesheriffs.org

OKLAHOMA

Categoria	Taxa de juros	Período de resgate	Tipo de leilão	Número de condados
Tax Lien	8% por ano	2 anos	Aleatório ou rotacional	77

Telefone: (800) 982-6212

Site: www.okacco.com

OREGON

Categoria	Taxa de juros	Período de resgate	Tipo de leilão	Número de condados
Tax Deed	N/A	N/A	Premium	36

Telefone: (503) 585-8351
Site: h2p://oregoncounRes.org/

PENSILVANIA

Categoria	Taxa de juros	Período de resgate	Tipo de leilão	Número de condados
Liens & Deeds	10% por ano	1 ano	Premium	67

Telefone: (717) 232-7554
Site: pacounRes.org/Pages/default.aspx

RHODE ISLAND

Categoria	Taxa de juros	Período de resgate	Tipo de leilão	Número de condados
Tax Deed	10%+	1 ano	Lance da menor taxa de juros ou Premium	5

Telefone: (401) 222-2397
Site: www.treasury.ri.gov

CAROLINA DO SUL

Categoria	Taxa de juros	Período de resgate	Tipo de leilão	Número de condados
Tax Lien	8%-12% por ano	1 ano e 18 meses	Premium	46

Telefone: (803) 252-7255

Site: www.sccounRes.org

DAKOTA DO SUL

Categoria	Taxa de juros	Período de resgate	Tipo de leilão	Número de condados
Tax Lien	12% por ano	3-4 anos	Premium	66

Telefone: (605) 224-4554

Site: www.sdcounRes.org

TENNESSEE

Categoria	Taxa de juros	Período de resgate	Tipo de leilão	Número de condados
Tax Deed	10% por ano	1 ano	Premium	95

Telefone: (615) 532-3767

Site: www.tncounRes.org

TEXAS

Categoria	Taxa de juros	Período de resgate	Tipo de leilão	Número de condados
Tax Deed Reembolsável	25%	6 meses ou 2 anos	Premium	254

Telefone: (512) 478-8753

Site: www.county.org

UTAH

Categoria	Taxa de juros	Período de resgate	Tipo de leilão	Número de condados
Tax Deed	N/A	N/A	Premium	29

Telefone: (801) 265-1331

Site: www.uacnet.org

VERMONT

Categoria	Taxa de juros	Período de resgate	Tipo de leilão	Número de condados
Tax Lien	12% por ano	1 ano	Premium	14

Telefone: (802) 229-9111

Site: www.vlct.org

VIRGINIA

Categoria	Taxa de juros	Período de resgate	Tipo de leilão	Número de condados
Tax Deed	N/A	N/A	Premium	95

Telefone: (804) 788-6652

Site: www.vaco.org

WASHINGTON

Categoria	Taxa de juros	Período de resgate	Tipo de leilão	Número de condados
Tax Deed	N/A	N/A	Premium	39

Telefone: (360) 753-1886

Site: www.wsac.org

WEST VIRGINIA

Categoria	Taxa de juros	Período de resgate	Tipo de leilão	Número de condados
Tax Lien	12%	1 ano	Premium	55

Telefone: (304) 346-0591

Site: www.wvaco.org

WISCONSIN

Categoria	Taxa de juros	Período de resgate	Tipo de leilão	Número de condados
Tax Deed	18%	2 anos	Premium	72

Telefone: (608) 663-7188

Site: www.wicounRes.org

WYOMING

Categoria	Taxa de juros	Período de resgate	Tipo de leilão	Número de condados
Tax Lien	15% + 3% multa	4 anos	Lance abaixo da porcentagem de propriedade	23

Telefone: (307) 632-5409

Site: www.wyo-wcca.org

***Para ter acesso ao diretório de condados dos Estados Unidos, por favor visite www.the24secret.com.

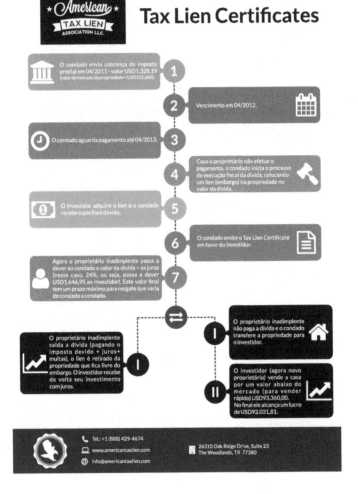

Tax Lien Certificates

1 — O condado envia cobrança do imposto predial em 04/2011 - valor USD 1.328,19 (valor de mercado da propriedade = USD 151.600).

2 — Vencimento em 04/2012.

3 — O condado aguarda pagamento até 04/2013.

4 — Caso o proprietário não efetue o pagamento, o condado inicia o processo de execução fiscal da dívida, colocando um lien (embargo) na propriedade no valor da dívida.

5 — O investidor adquire o lien e o condado recebe o que lhe é devido.

6 — O condado emite o Tax Lien Certificate em favor do investidor.

7 — Agora o proprietário inadimplente passa a dever ao condado o valor da dívida + os juros (neste caso, 24%, ou seja, passa a dever USD 1.646,95 ao investidor). Este valor final tem um prazo máximo para resgate que varia de condado a condado.

I — O proprietário inadimplente salda a dívida (pagando o imposto devido + juros + multas), o lien é retirado da propriedade que fica livre do embargo. O investidor recebe de volta seu investimento com juros.

I — O proprietário inadimplente não paga a dívida e o condado transfere a propriedade para o investidor.

II — O investidor (agora novo proprietário) vende a casa por um valor abaixo do mercado (para vender rápido) USD 93.360,00. No final ele alcança um lucro de USD 92.031,81.

Tel.: +1 (888) 429-4674
www.americantaxlien.com
info@americantaxlien.com

26310 Oak Ridge Drive, Suite 23
The Woodlands, TX 77380

Tax Deeds

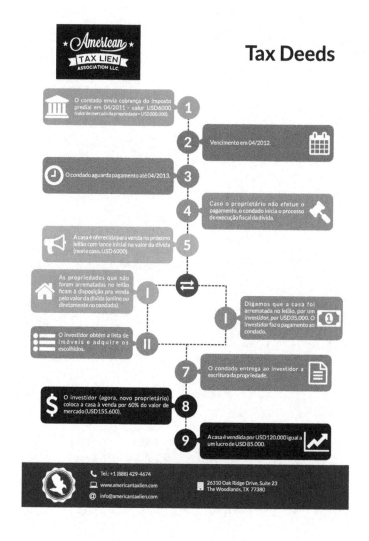

SOBRE O AUTOR

Marcos é um imigrante brasileiro que passou de motorista de caminhão por 14 anos a um milionário em apenas 4 anos ao aplicar as duas estratégias de investimentos mais rentáveis e menos conhecidas que existem nos EUA.

Após imigrar para os EUA em 1998 com apenas 100 dólares no bolso e dirigir um caminhão por muito tempo, ele foi de zero a um milhão após descobrir os *Tax Liens* e *Tax Deeds*. Por meio dos *Tax Liens* e *Tax Deeds*, ele pôde fazer centenas de acordos, inclusive adquirindo propriedades por apenas 31 dólares. Seu melhor negócio até agora foi pagar USD6,342 por uma propriedade que vale 1.5 milhões de dólares.

Pai de duas lindas crianças, Marcos é um autor, investidor, palestrante internacional e professor, que tem ajudado milhares de indivíduos em vários países a começarem suas carreiras de investimento imobiliário nos EUA.